KB142214

기적의 5분 영단어

엉클잭의 하나를 알면 10단어가
저절로 기억되는 어원 학습법

기적의
5분
영단어

주경일 지음

비에이블
B.able

땅콩 잭 JACK

영어 천재, 잡학 박사.

어원과 언어유희 그리고 풍부한 인문 지식을 곁들여

영단어를 절대 잊히지 않게 알려준다.

바나나 준 JUNE

단어 암기의 벽을 넘지 못한 영포자.

절친 잭의 쉽고 재밌는 영단어 강의 덕분에

점점 영어 공부에 자신감이 붙는다.

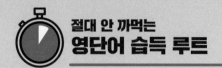

① QR코드를 찍으면 엉클잭의 직강 영상으로 바로 연결됩니다. 재밌는 강의를 보면 공부하고 싶은 마음이 뿜뿜 솟아나요!

② 각 장에서 학습할 주요 어원을 확인하세요.

③ 각 장은 주요 어원을 중심으로 꼬리를 물며 확장되는 10개의 핵심 단어로 이뤄져 있어요.

④ 핵심 단어의 어원 구성(접두어+어근+접미어)을 살펴봅니다.*

⑤ 어원 학습법도 결국 암기 아니냐고요? 잭과 준의 스토리텔링을 읽고 이해하는 것만으로 단어가 기억되는 놀라운 학습 효과를 경험하세요!

⑥ 이제 막 영어 공부 시작한 왕초보도 쉽게 읽을 수 있도록 한글 발음을 병기했어요.**

⑦ 단어를 더 오래 더 정확히 기억하게 해줄 찰떡같은 예문을 준비했어요.

⑧ 낯선 단어는 물론 이미 알고 있는 단어까지 한 번 더 확인하며 어휘력을 더욱 탄탄히 챙겨갑니다.

⑨ 일러스트로 단어의 이미지를 더욱 선명하게! 어떻게 잊을 수 있겠어요?!

⑩ 한 번 읽는 걸로는 머리에 안 남는다고요? 반복 학습은 절대 우리를 실망시키지 않아요! 3회독 체크박스를 활용해보세요.

⑪ 하나라도 더 알려드리고 싶은 마음을 엉꿀팁에 담아두었어요!

⑫ 복습1. 각 장의 학습 내용을 한눈에 살펴볼 수 있도록 리뷰 표로 깔끔하게 정리!

⑬ 복습2. 빈칸 채워 넣기 퀴즈로 각 장 공부 마무리!

〔일러두기〕

＊어원 표기

학습자들이 단어를 쉽게 이해할 수 있도록 최대한 영어 단어의 형태와 유사하게 어원을 표기하고자 했습니다. 어원의 필요한 부분만 의도적으로 강조해두었기 때문에 학습자들은 더욱 편리하게 핵심 어근을 기억하고 관련 단어들을 연상할 수 있습니다. 이 책에 수록된 어원 해설의 주요 근거는 『Online Etymology Dictionary』, 『Oxford Lexico』, 『Longman』 사전입니다.

＊＊한글 발음 표기

초보 학습자도 쉽게 읽을 수 있도록 한글 발음을 병기했지만, 우리말로는 표현할 수 없는 영어 발음이 있습니다. 따라서 이 부분은 독서용으로 참고만 하시고, 실제 발음은 단어 옆에 표시해둔 발음기호나 사전을 통해 정확히 익혀주세요.

prologue
단어는 외우는 것이 아니다

우리말이 '걷는 것'이라면 영어는 '수영'과 같다. 아무리 이론으로 무장하고 강습 영상을 수백 번 보았다고 해도 막상 물에 뛰어들면 모든 경험이 뒤죽박죽되며 허우적대기 마련이다. 이론과 영상으로 배우고 익힌 것들은 몸에 익숙해질 정도로 많이 연습된 뒤에야 비로소 내 것이 되기 때문이다.

영어로 치자면 배운 것은 '어법과 표현'이고, 익힌 것은 '단어'라 할 수 있다. 평소 이 부분이 실전에서 바로 떠오를 수 있게 연습이 되어 있어야 유창하게 영어를 구사할 수 있게 된다. 성인의 경우 수영의 속도가 걷는 속도를 이길 수 없듯 영어를 우리말처럼 구사하기란 쉽지 않겠지만 적어도 노력한 결과만큼은 수영이나 영어 공부 모두 분명히 나타난다.

수영과 영어는 둘 다 능숙해지기까지 속도가 더디고 그 과정 또한 꽤나 힘이 든다. 하지만 다행히도 수영이든 외국어든 배우는 데 있어서 사람에 따라 하드웨어상의 차이는 미미하다. 중요한 것은 평소 습관의 차이가 훗날 커다란 격차를 만든다는 것. 체력 훈련을 틈틈이 하는 사람이 수영에 유리하듯, 단어 공부를 꾸준히 한 사람이 영어를 더 잘할 수밖에 없다.

나는 외국어를 직접 활용해야 하는 직종에 오래 종사하면서, 그리고 퇴사 후 현장에서 영어를 10년 넘게 가르쳐오면서 외국어 학습에 있어서 어휘력의 중요성을 누구보다 절감했다. 우리말도 어휘력이 풍부한 사람이 더 잘 구사할 수 있지 않은가. 하지만 외국어는 우리말처럼 일상적으로 사용하지 않다 보니 애써 단어를 외우고도 돌아서면 바로 까먹기 일쑤. 그래서 나는 어떻게 하면 학생들이 단어를 쉽게 익혀 오래 기억하고 제대로 써먹게 할지를 오랫동안 연구해왔다. 그 결과 단어만 따로 떼어 무작정 외우면 쉽게 잊히지만 상황이나 이야기를 통해 이해한 단어는 결코 기억에서 사라지지 않는다는 사실을 알게 되었다.

그 이해의 수단으로 내가 경험한 가장 효과적인 방법은 바로 '어원 학습법'이다. 이 책을 통해 독자들은 단어가 살아 있는 생명체처럼 성장하면서 변형되고 복제되며 수많은 파생어로 재탄생한다는 사실을 가볍게 이해할 수 있다. 그 결과 한 개의 어원을 익혀 수많은 단어를 유추하고 기억해내는 놀라운 경험도 하게 될 것이다. 이렇듯 어원을 통해 영단어를 이해하고 익히다 보면, 그 반복되는 패턴 속에서 일종의 규칙이 있음을 알게 되고 우리나라 사람들이 한자를 보고 뜻을 유추해내듯 어느덧 영어에 대한 자신감이 서서히 생겨난다.

하지만 여전히 '어원'이라는 말에서 거리감이 느껴지는 것이 사실이다. 이 책은 쉬운 단어에서 추출한 어원으로 어려운 단어의 의미를 유추해내는 과정을 통해 그 거리감을 좁혀나가고자 했다. 나아가 독자들이 좀 더 효과적이고 체계적이며 흥미롭게 공부할 수 있도록 세상 쉬운 어원 설명과 함께 PUN(언어유희)과 일러스트를 활용하고, 재미있는 대화체 형식으로 이야기를 풀어냈다.

부디 독자들이 이 책을 통해 영단어를 이해할 수 있는 참신하고 확실한 방법을 깨닫게 되기를 바란다. 또한 그 방법을 통해 자연스럽게 단어를 습득할 수 있는 수준에 이르는 데 이 책이 좋은 계기가 된다면 저자로서는 그간의 수고와 목적이 모두 실현되는 더없는 보람과 기쁨이겠다.

- 엉클잭 주경일

contents

LESSON

1

port 항구, 나르다

portal [ˈpɔːrtl]

☐ ☐ ☐

어원 port [항구] + al 「명접」
명사 관문, 정문

JUNE 단어가 너무 안 외워져. 돌아서면 까먹어. 내가 뒤끝 없는 깔끔한 성격이라 그런가?

JACK 무작정 외우니까 그러지. 어원으로 단어를 익히면 잊으려야 잊을 수가 없어. 지금부터 한번 시작해보자. 어원의 세계에 온 걸 환영해. 첫 관문을 열어볼까?

JUNE '관문'이 영어로 뭐야? 내친 김에 이것부터 시작하지.

JACK 좋아. '관문'이란 국경에 설치한 커다란 성문(城門) 같은 구조물을 의미하는데, 기능적 측면에서 항구(port)와 유사한 만큼 영어로도 portal[포틀]이라 칭하게 되었어.

JUNE '네이버'나 '다음' 같은 사이트를 portal이라고 하지 않아?

JACK 그렇지. 실제 존재하는 건 아니지만 인터넷 세상으로 안내하는 관문 역할을 하는 거니까. 그리고 port[포트]는 사람이 드나들고, 짐을 나르고, 물건을 건네고, 길을 인도하는 동적인 의미도 가지는데, 동선 상에 존재하는 문(gate)을 뜻하는 portal과 port의 유래가 같다는 건 놀랄 일이 아니지.

Internet is the portal to see the world.
인터넷은 세상을 보기 위한 관문이다.

important [ɪmˈpɔːrtnt]

☐ ☐ ☐

어원 **in** [안] + **port**(are) [나르다] + **ant** 「형접」

형용 중요한

JACK 수입은 항구(port) 안(in)으로 물건이 들어오는 것이라서 import [임포트]라고 하는데, 공급이 부족한 곳에 물품을 수입해 공급하는 것은 무역의 기본이지. 따라서 수입하는 물건들은 쉽게 구할 수 없는 귀한 물건인 경우가 많아. 그렇게 귀한 물건의 중요함을 표현하는 단어가 바로 important [임포턴트]라고 할 수 있지.

JUNE 수입한 물건은 중요하기 때문에 import(중요한)라고 표현한다는 말이군. 상당히 와 닿네. 어원을 좀 더 면밀히 관찰하면 단어의 구조가 보일 것 같아.

JACK 시작하자마자 어원의 세계에 너의 그 작은 눈을 뜨기 시작하는구나.

It is important not to get exhausted.
지치지 않는 것이 중요하다.

⊙─⊙ **어휘 Plus**
import 수입, 수입품, 수입하다
exhaust 소진하다, 소모하다

영끌TIP 알파벳 26자 중 입술이 붙는 발음은 b/m/p 세 개. 이 철자로 시작하는 단어 앞에 접두어 in이 붙으면 발음의 편의상 대부분 im으로 변한다. (ex. in + port → import **동** 수입하다 / in + mortal → immortal **형** 죽지 않는)

export [ˈekspɔːrt]

어원 ex [밖] + port(are) [나르다]

명사 수출 **동사** 수출하다

JACK '수출'은 항구(port)를 통해서 밖으로 나가는 것을 의미하기 때문에, '밖'의 의미가 있는 접두어 ex를 붙여 export[엑스포트] 라고 해. 접두어 ex[엑스]는 많이 사용되니까 잘 기억해둬.

JUNE 알았어. x(엑스)표 해둘게. 비상구 표시에 적혀 있는 exit[엑시트] 를 떠올려보면 되는 거 아냐?

JACK 대단한데? 그걸 어떻게 읽었대?

Export exceeded import by 5 billion dollars.
수출이 수입을 50억 달러 상회했다.

⊙─⊙ **어휘 Plus**
exceed 초과하다
billion 10억

EX(=out)+IT(=go) 밖으로 나가다

porter [ˈpɔːrtər]

☐ ☐ ☐

어원 **port**(are) [나르다] + **er** 「명접」

명사 짐꾼

JACK port에는 '실어 나르다, 운반하다'의 뜻도 있어. 언뜻 보면 port가 '항구, 관문, 나르다' 등 여러 가지 의미가 있는 복잡한 단어 같지만, 이를 명사적으로 이해하면 '항구'나 '관문'의 뜻이고, 동사로 이해하면 그런 장소에서 행해지는 '실어 나르다' 즉, 영어로 carry[캐리]의 뜻임을 무난히 알 수 있을 거야.

JUNE port 속에 명사와 동사가 뜬금없이 혼재하는 것처럼 보였는데, 듣고 보니 관련이 있네. 그렇다면 짐을 옮기는 건 '짐 캐리'인가? 이삿짐센터 이름으로 딱인데?

JACK 동업할까? 운전은 내가, 짐은 네가. 여하간 옛날 항구(port)에는 화물을 분주히 실어 나르는(port) 짐꾼들이 많았어. 그래서 port에 행위자를 뜻하는 접미어 er을 붙여서 짐꾼을 porter[포터]라고 부르게 된 거야.

JUNE 그러고 보니 porter라는 이름의 트럭도 있네. 해리 포터도 있고.

JACK 해리 포터는 potter야. 도자기 굽는 '도공'이란 의미지.

She gave a porter her bag to carry.
그녀는 짐꾼에게 가방을 맡겼다.

◉─◉ **어휘 Plus**
carry 나르다

report [rɪˈpɔːrt] □□□

어원 re [다시] + port(are) [나르다]

동사 소식을 전하다, 보고하다, 보도하다

JUNE 그럼 뉴스를 전하는 '리포터'에 들어 있는 게 바로 이 porter야?

JACK 그래, 맞아. report[리포트]에 행위자를 뜻하는 접미어 er을 붙여서 만든 단어가 reporter[리포터]야. port가 '전달하다'의 뜻이다 보니 물건뿐만 아니라 소식을 전하는 데에도 사용할 수있어. report는 '보고하다, 보도하다' 등의 의미가 있는데 원래는 '이야기하다'라는 의미의 프랑스어에서 비롯된 단어야. 어원을 살펴보면 접두어 re가 '강조, 반대로, 다시' 등 몇 가지의미를 지니는데, 어떤 사건을 잘 정리한 뒤 '다시' 우리에게전달해주는 것으로 이해하면 돼. 상상만 해도 멋지지 않니? 내가 개기일식 같은 멋진 현장의 리포터라면?

JUNE 그럼 '해 리포터'겠지.

The weather report is not always right.
날씨 보도가 항상 맞는 건 아니다.

네가 해! 리포터?

⊙–⊙ 어휘 Plus
weather 날씨
always 항상
right 맞는, 정확한

misreport [mɪsrɪˈpɔːrt]

□ □ □

어원 mis [잘못] + re [다시] + port(are) [나르다]

명사 오보, 허위 보도 **동사** 오보하다

JUNE 이젠 port가 들어간 단어는 척 보면 다 알 것 같아.

JACK 그럼 misreport[미스리포트], underreport [언더리포트]는 무슨 뜻?

JUNE 너무 쉬운데? misreport는 기자가 미혼 여성이라는 거 아냐?

JACK 음… 네가 절박한 건 알겠는데, 일단 mis는 mistake[미스테이크]
(실수)라는 단어에서 알 수 있듯이 뭔가 잘못된 걸 의미해. 그
래서 '잘못(mis) 전달(report)하는 것', 즉, '오보하다'의 의미야.

JUNE '오보하다'로구나. 내가 좀 오버했네. 그렇다면 underreport
는 under가 '아래'라는 뜻이니까 '아래로 보도하다'. 음… 뭔
가 낮추어 보도한다는 뜻인 건가?

JACK 와우! 대단한걸? 아래쪽을 의미하는 전치사 under에 report
를 붙이면 실제보다 아래로 리포트하는 것, 즉 '축소 보도하
다'의 의미가 된다고! 대단한데! 한턱 쏴. 살치살로.

The news is being completely misreported.
그 뉴스는 지금 완전히 잘못 보도되고 있다.

⊙─⊙ **어휘 Plus**
mistake 실수
underreport 축소 보도하다
completely 완전히

porterage [ˈpɔːt(ə)rɪdʒ] □□□

어원 **port**(are) [나르다] + **age** 「명접: 행위, 지위」

명사 운반, 운송업, 운임료

JACK '내가 뭘 빠트렸지?' 했는데 porterage[포터리지]가 있었네. 생소한 단어일진 모르겠지만 의미를 한번 유추해볼래?

JUNE porterage? porter가 들어 있으니 실어 나르는 거랑 관계 있는 단어로 보이는데?

JACK 맞아. '운반, 운송업' 등의 뜻이야. 접미어 age에는 '행위, 지위' 등의 의미가 있어. 접미어는 단어의 품사(종류)에 관여하는 역할을 해. 계속하다 보면 굳이 외우지 않아도 금방 익숙해질 거야.

The rate of porterage has been increased.
운임 요율이 올랐다.

⊙–⊙ **어휘 Plus**
rate 요율, 비율
increase 증가하다

support [sə'pɔːrt]

어원 **sub** [아래에서] + **port**(are) [나르다]

명사 버팀, 부양, 원조   **동사** 지원하다, 지지하다

JUNE support[서포트]의 port도 '나르다'와 관련이 있겠네? sup은 뭐
야?

JACK sup을 묻지 않았다면 '섭섭'할 뻔. sup은 sub의 변형인데,
'아래에서'라는 뜻이야. 일단 sup의 p가 b로 변형된 이유는
단순히 port랑 모양새를 맞추기 위해서야. subport보다 좀
더 깔끔해 보이잖아? 하여간 무엇인가가 아래에서 나를 떠받
치며 지지한다는 의미를 가지고 있지. 감사 인사를 할 때 항
상 빠지지 않는 단골 단어이기도 하고.

I'm truly thankful for your support.
여러분의 지지에 정말 감사드립니다.

⊙–⊙ **어휘 Plus**
truly 정말로
thankful 감사하는

transport [ˈtrænspɔːrt]

어원 **trans** [가로질러] + **port**(are) [나르다]

명사 교통, 운송 **동사** 운송하다

JACK 접두어 trans는 '가로질러'의 의미인데 이쪽 편에서 저쪽 편으로 가로지르는 모습을 연상하면 돼. 그렇다면 transport[트랜스포트]는 무슨 의미일까?

JUNE 말 그대로 이쪽에서 저쪽으로 가로질러 보내는 것이니까, 음… 전송하다?

JACK 정답! '전송하다, 운송하다' 등의 뜻이야. 장소를 옮긴다는 의미가 포함되지. 그래서 사회적으로 자신의 성별을 바꾼 사람을 transgender[트랜스젠더]라고 하지.

Flower seeds are transported by the wind.
꽃씨는 바람에 실려 이동한다.

⊙-⊙ **어휘 Plus**
transgender 성전환자
seed 씨앗

teleport ['telipɔːrt]

어원 **tele** [멀리] + **port**(are) [나르다]

명사 순간 이동 **동사** 순간 이동하다

JACK 내친김에 하나만 더 해보자. teleport[텔리포트]는?

JUNE 그건 영화에 자주 나오잖아. 순식간에 어디로 이동하는 거.

JACK 영화 볼 때 코만 고는 게 아니었구나. 맞아, 멀리(tele) 실어 나르다(port)라는 뜻인데, 공상과학 영화에 가끔 나오는 단어지. 염력이나 기술로 사람이나 물건을 순식간에 멀리 떨어진 곳으로 보낼 때 teleport라고 해. 마찬가지로 television[텔리비젼]도 멀리(tele) 떨어진 곳의 영상을 보는(vision) 것 아니겠어?

JUNE 순간 이동 능력이 있으면 정말 좋겠어. 순식간에 어디론가 갈 수 있게.

You will be able to teleport yourself in the future.
미래에는 스스로 순간 이동을 할 수 있을 거야.

텔레포트 성공!

⊙─⊙ 어휘 Plus
vision 보는 것, 시각
be able to ~하는 것이 가능하다
future 미래

REVIEW

접두어 prefix	어근 root	접미어 suffix
	port 〔항구〕	al
in 〔안〕		ant
ex 〔밖〕		
		er
re 〔다시〕		
mis 〔잘못〕 + re 〔다시〕	port(are) 〔나르다〕	
		age
sub 〔아래에서〕		
trans 〔가로질러〕		
tele 〔멀리〕		

단어
vocabulary

portal	명 관문, 정문
important	형 중요한
export	명 수출 동 수출하다
porter	명 짐꾼
report	동 소식을 전하다, 보고하다, 보도하다
misreport	명 오보, 허위 보도 동 오보하다
porterage	명 운반, 운송업, 운임료
support	명 버팀, 부양, 원조 동 지원하다, 지지하다
transport	명 교통, 운송 동 운송하다
teleport	명 순간 이동 동 순간 이동하다

QUIZ

1. Internet is the (   ) to see the world.
   인터넷은 세상을 보기 위한 관문이다.

2. It is (   ) not to get exhausted.
   지치지 않는 것이 중요하다.

3. (   ) exceeded import by 5 billion dollars.
   수출이 수입을 50억 달러 상회했다.

4. She gave a (   ) her bag to carry.
   그녀는 짐꾼에게 가방을 맡겼다.

5. The weather (   ) is not always right.
   날씨 보도가 항상 맞는 건 아니다.

6. The news is being completely (   ).
   그 뉴스는 지금 완전히 잘못 보도되고 있다.

7. The rate of (   ) has been increased.
   운임 요율이 올랐다.

8. I'm truly thankful for your (   ).
   여러분의 지지에 정말 감사드립니다.

9. Flower seeds are (   ) by the wind.
   꽃씨는 바람에 실려 이동한다.

10. You will be able to (   ) yourself in the future.
    미래에는 스스로 순간 이동을 할 수 있을 거야.

LESSON

2

gno	**알다**
hum	**땅, 아래**
ter	**땅, 마르다**

ignore [ɪgˈnɔː(r)]

□ □ □

어원 i(n) [부정(not)] + gno [알다] + re 「동접」

동사 무시하다, 묵살하다

JUNE 나 요즘 갑자기 암기가 잘 안돼! 슬럼프인가 봐.

JACK 그럴 리가… 여태 잘된 적이 없잖아.

JUNE 영어 좀 한다고 사람 ignore[이그노어] 하는 거야? 무시하냐고!

JACK 아니. 네 실력 무시무시하다고. 그리고 이런 경우엔 그 표현이 맞지 않아. ignore를 직역하면 '무시하다'가 되지만 정확한 의미로 볼 때 그런 뉘앙스가 아니야. 어원상 접두어 i는 in이 축약된 것으로 부정의 의미고, 어근 gno는 '알다'라는 뜻이지. 즉, 눈에 보이는데도 '알지 못하는 것처럼' 지나친다는 뜻이야. 그래서 서로가 인식하고 있는 상황에서 대놓고 모욕을 주는 행위에는 어울리지 않아. 우리말로는 모르는 척하는 행동과 대놓고 깔보는 행동을 모두 '무시하다'라고 표현하다 보니 ignore의 진정한 의미를 혼동하는 거지.

이거 놔…

Just **ignore** him and he'll stop bothering you.
그냥 무시해버려, 그럼 그가 더 이상 너를 괴롭히지 않을 거야.

⊙–⊙ **어휘 Plus**
bother 괴롭히다

recognize [ˈrekəɡnaɪz]

□ □ □

어원 re [다시] + co(m) [함께] + gno [알다] + ize「동접」

동사 알아보다, 인정하다

JUNE recognize[레커그나이즈], 이 단어는 낯이 익은데 알아보지를 못하겠네.

JACK '알아보다'를 알아보지 못했구나. 접두어 re는 '다시', co는 '함께', gno는 '알다'의 뜻이니까, 합해보면 다시 함께 볼 때 안다는 뜻이잖아? 그러니까 '알아보다'의 뜻이 되지. 이미 아는 것을 '인식한다'는 의미야.

JUNE 아! 이제 알아보겠네.

JACK 바로 그거야. 잘했어, 치타.

I could recognize him even 10 years later.
10년이 지났어도 나는 그를 알아볼 수 있었다.

⊙-⊙ **어휘 Plus**
even 심지어
later 후에

humiliate [hjuːˈmɪlieɪt]

☐ ☐ ☐

어원 **hum**(us) [땅, 땅이 위치한 아래쪽] + ate 「동접」

동사 창피를 주다, 모욕하다

JUNE 그렇다면 대놓고 창피하게 만든다는 의미의 '무시하다'는 도대체 영어로 뭐야?

JACK humiliate[휴밀리에이트]가 적당할 것 같은데? '창피를 주다, 모욕하다' 등의 의미인데, 어원을 살펴보면 hum은 일단 '땅'의 뜻이야. 위치적으로 하늘은 위, 땅은 아래이기 때문에 hum에는 '아래쪽'의 의미도 있어. 뒤에 붙은 iliate는 모두 접미어인데 크게 신경 쓸 건 없어. 하여간 humiliate는 아래쪽(hum)으로 향하게 한다는 뜻이니까 결국 상대방을 하대해서 모욕을 준다는 거지. 누가 너를 땅바닥에 바짝 엎드리게 하거나 얼굴이 땅에 닿게 내리누른다면 아주 굴욕적이겠지?

JUNE 너는 엎드려도 배 때문에 얼굴이 땅에 안 닿아서 좋겠다. 굴욕 없는 몸매로구만.

Try not to humiliate anyone in front of his or her friends.
누구든 친구들 앞에서 망신을 주는 일이 없도록 해라.

⊙~⊙ 어휘 Plus
anyone 누구나
in front of ~의 앞에서

humidity [hjuːˈmɪdəti]

□ □ □

어원 **hum**(us) [땅, 축축한 땅의 성질] + **ity** 「명접」

명사 습도, 습기

JUNE 내가 너무 심했나. 다시는 너 배 나왔다고 멸시하지 않을게. 배 귀여워. 짐볼인 줄. 여하간 땅바닥이 아래쪽이라서 hum에 '무시, 멸시'의 뜻도 있다는 건 확실히 기억했어.

JACK 맞아. 사실 hum에는 다른 의미가 또 하나 들어 있는데, 지금은 온통 콘크리트에 아스팔트 천지라 그렇게 느끼기 어렵지만, 애초엔 '땅'이라고 하면 촉촉한 대지의 느낌이 들었을 거야. 그래서 hum은 촉촉한 대지처럼 습한 상태를 의미하기도 해. humidity[휴미더티]의 어근 humid[휴미드]에도 '습한, 눅눅한'의 의미가 들어 있지. 그리고 humid 자체가 형용사로 사용되고 있어.

The temperature is high, but the humidity low.
기온은 높지만, 습도는 낮다.

⊙-⊙ **어휘 Plus**
humid 습한
temperature 온도

humble [ˈhʌmbl]

☐ ☐ ☐

어원 **hum**(us) [땅, 땅이 위치한 아래쪽] + ble 「형접」

형용 겸손한, 초라한, 소박한

JUNE hum이 '땅, 습한, 아래쪽'이라는 의미라면 humble[험블]의 hum도 같은 어원일 텐데 어째서 '겸손한, 초라한'의 뜻이 되는 거야?

JACK 아래쪽인 땅바닥으로 자신의 몸을 낮추는 거니까 '겸손한'의 의미가 되고 맥락에 따라 '초라한, 소박한'으로도 이해할 수 있지. 나처럼 겸손하고 소탈한 사람을 표현할 때 humble이란 단어를 쓰기도 하지.

JUNE 하긴, 너는 바닥에 드러누우면 잘 안 일어나니까….

It is always the secure who are humble.
안정된 사람들이 겸손하기 마련이다. ⟨G. K. 체스터턴⟩

⊙–⊙ 어휘 Plus
secure 안정된, 안전한

영끌Tip 접두어와 접미어는 개수도 많지 않을뿐더러 자주 반복되므로 따로 외우지 않더라도 어느 순간 대부분 알게 된다. 어근은 분량이 많기 때문에 단어가 나올 때마다 익히면 된다. 어원 학습법은 단어를 제대로 이해하기 위한 수단이며 그 자체가 암기의 목적은 아니다.

territory [ˈterətɔːri]

□ □ □

어원 terra [땅, 토지] + ory 「명접: 장소」

명사 영토, 영역

JUNE 근데 젖은 땅만 있는 건 아니지 않아? 마른 땅도 있는데….

JACK 물론 어원이 모든 상황을 다 담고 있진 않아. 부분적인 특성을 일반화시키기도 하지. 그런데 때마침 마른 땅을 뜻하는 어원도 있긴 해. 예를 들어 라틴어 terra[테러]는 '땅, 토지'란 뜻인데, 더 앞선 어원인 ters-(마르게 하다)에서 유래했지. 그래서 terra가 어원인 territory[테러토리]는 '마른' 땅으로 이루어진 지역을 의미하는 '영토, 국토'의 뜻을 가지고 있어. 지금은 의미가 확대돼서 영해(territorial waters)까지 포함하게 되었지만 말이야.

Hong Kong was returned to Chinese territory in 1997.
홍콩은 1997년에 중국의 영토로 회복되었다.

⊙⊙ **어휘 Plus**
territorial 영토의
water 물, 바다
return 돌아오다

thirst [θəːrst]

□ □ □

어원 **ters-** [마르게 하다]
명사 갈증, 갈망

JACK '갈증'이란 단어 thirst[써얼스트]도 마침 terra와 같은 어원이야. 마른 땅이니 물이 필요하고 그것을 '갈증'으로 이어서 연상하면 기억하는 데 도움이 될 거야.

JUNE 어쩐지 terra 하니까 맥주가 생각난다 했어. 그럼 스타크래프트 게임의 Terran도 땅과 관련 있어?

JACK 그럼. terra가 지구(earth)의 뜻이니까 Korea에 n을 붙이면 '한국인'이 되듯 Terra에 n을 붙여서 Terran, 즉 '지구인'을 의미하지.

Robinson suffered constantly from thirst.
로빈슨은 계속해서 갈증에 시달렸다.

⊙─⊙ **어휘 Plus**
Terran 지구인
suffer 시달리다
constantly 계속해서

terrain [təˈreɪn]

□ □ □

어원 terra [땅, 토지] + in 「명접」

명사 지형, 지세, 지역

JUNE 그럼 terrain[터레인]도 땅과 관련이 있어?

JACK 물론이야. terrain은 땅의 지형 같은 물리적 모양새를 나타내는 단어인데 '지형, 지세'라고 할 수 있지. 어근 terra에서 파생돼서 기본적으로 땅과 관련된 단어라 보면 돼.

JUNE 그래서 기차가 train[트레인]인가? 땅으로 달려서? 그러고 보니 발음도 똑같네. 터레인.

JACK 전혀 관련 없어! 그리고 발음도 다르거든! train은 트레인이야. 언제쯤이면 '어'와 '으'를 구별할래?

I drove my truck and passed over rough terrain.
나는 트럭을 몰고 험한 지형을 통과했다.

서성에 언혜넌 하널 같아스 우르르 볼수록 ……

⊙–⊙ **어휘 Plus**
drive 운전하다
pass 통과하다
rough 험한, 거친

terrace [ˈtɛrəs]

☐ ☐ ☐

어원 **terra** [땅, 토지]

명사 테라스, 계단식 대지

JACK 우리가 테라스라고 하는 terrace[테러스]도 원래는 집 바깥의 정원에 위치한 거실의 개념이야. 땅 위에 만든 거라서 단어에 terra가 들어 있지. 지금은 계단식으로 만든 앉을 수 있는 공간이나, 우리가 알고 있는 테라스의 개념으로 그 의미가 확장되었어.

JUNE 맞아. 테라스 하니까 또 로미오와 줄리엣의 손끝이 서로 닿던 장면이 생각나네, 캬….

JACK 그건 발코니(balcony)고….

The terrace of my house faces east.
우리 집 테라스는 동향이다.

⊙–⊙ **어휘 Plus**
balcony 발코니, 2층 특별석
face 향하다, 마주하다
east 동쪽

terrestrial [təˈrɛstriəl]

□ □ □

어원 terra [땅, 토지] + al 「형접」

형용 육생의, 지구의

JUNE 오늘 보니 너 영화배우처럼 생겼구나? 주인공급으로.

JACK 왜 그래 갑자기? 우리 서로 칭찬 안 한 지 내년이면 20주년이 잖아. 선은 넘지 말자.

JUNE 아냐, 영화 주인공 ET 닮았어. 머리 크기며 복부의 팽만도며 전체적인 아우라가.

JACK 도대체 언제 적 영화를…. 하여간 ET는 extra-terrestrial[엑스 트러 터레스트리얼]의 머리글자를 딴 건데, extra는 '추가의'의 의미 가 있고 terrestrial은 '지구의'를 의미하지. 합해서 지구 외 의 곳에 추가로 존재하는 것, 즉, '외계인'을 뜻하는 단어야.

I believe extra-terrestrial life does exist.
난 외계 생명체가 진짜 존재할 거라 생각해.

◉–◉ 어휘 Plus

believe 믿다
extra 추가의, 가외의
exist 존재하다

REVIEW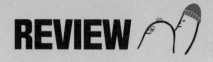

접두어 prefix	어근 root	접미어 suffix
i(n) 〔부정(not)〕	gno 〔알다〕	re
re 〔다시〕 + co(m) 〔함께〕		
	hum(us) 〔땅, 아래쪽〕	ate
		ity
		ble
	terra 〔땅, 토지〕	ory 〔장소〕
		in
		al
	ters- 〔마르게 하다〕	

단어
vocabulary

ignore	통 무시하다, 묵살하다
recognize	통 알아보다, 인정하다
humiliate	통 창피를 주다, 모욕하다
humidity	명 습도, 습기
humble	형 겸손한, 초라한, 소박한
territory	명 영토, 영역
terrain	명 지형, 지세, 지역
terrace	명 테라스, 계단식 대지
terrestrial	형 육생의, 지구의
thirst	명 갈증, 갈망

QUIZ

1. Just ( ) him and he'll stop bothering you.

그냥 무시해버려, 그럼 그가 더 이상 너를 괴롭히지 않을 거야.

2. I could ( ) him even 10 years later.

10년이 지났어도 나는 그를 알아볼 수 있었다.

3. Try not to ( ) anyone in front of his or her friends.

누구든 친구들 앞에서 망신을 주는 일이 없도록 해라.

4. The temperature is high, but the ( ) low.

기온은 높지만, 습도는 낮다.

5. It is always the secure who are ( ).

안정된 사람들이 겸손하기 마련이다.

6. Hong Kong was returned to Chinese ( ) in 1997.

홍콩은 1997년에 중국의 영토로 회복되었다.

7. Robinson suffered constantly from ( ).

로빈슨은 계속해서 갈증에 시달렸다.

8. I drove my truck and passed over rough ( ).

나는 트럭을 몰고 험한 지형을 통과했다.

9. The ( ) of my house faces east.

우리 집 테라스는 동향이다.

10. I believe ( ) life does exist.

난 외계 생명체가 진짜 존재할 거라 생각해.

LESSON

3

vol   구르다, 말다

volume [ˈvɑːljuːm] □ □ □

어원 vol(u) [돌다, 말다]
명사 양, 권, 부피, 볼륨

JUNE 책의 표지에 volume[발륨]이 왜 쓰여 있지? 책에 볼륨 달렸어? 오디오북인가?

JACK volume은 원래 뭔가를 말아놓은 것이란 뜻이었어. volu가 어근인데 롤케이크처럼 '말다'의 의미가 있어. 양피지나 파피루스를 사용하던 시절에는 글을 써서 보관하거나 전달할 때 편의를 위해 두루마리로 말아두었을 거야. 역사를 기록한 장편일 경우엔 여러 개의 두루마리(volume)가 되었고, 그 순서를 헷갈리지 않도록 겉에 volume 1, volume 2 하는 식으로 표시했지.

JUNE 부피나 소리의 크기에도 volume을 붙이는 이유는?

JACK 긴 이야기일수록 두툼한 두루마리가 되었을 것이고 그런 두툼함, 즉 부피의 의미로도 volume을 사용하게 되었어. 결국 '크기'를 의미하는 단어로 확장되면서 소리의 크기, 즉 음량도 볼륨이라고 하는 거지.

Do you mind turning the volume down?
소리 좀 낮춰주시겠어요?

⊙─⊙ 어휘 Plus
mind 꺼리다
turn down 낮추다

involve [ɪnˈvɑːlv]

□ □ □

어원 **in** [안] + **vol**(u) [돌다, 말다]
동사 관련되다, 참여하다, 포함하다

JUNE 이젠 모르는 단어라도 어원 분석을 통해서 의미를 유추할 수 있을 것 같아.

JACK 그래? 그럼 involve[인발브]는 무슨 뜻일까?

JUNE in은 '안쪽'이고, volv는 '말다'. 안쪽에 뭘 집어넣고 돌돌 만다는 의미 같은데?

JACK 그렇지! 정확하게 연상했어. 어떤 일에 휘말려 들어가는 것이지. 그렇게 어떤 단어를 이미지로 형상화하는 것은 매우 중요해. involve는 '관련되다, 포함하다' 등의 뜻이 있어.

JUNE 안(in)에다 '발(volve)을 담근다'로 외우면 어때?

JACK 단어의 이미지를 왜곡시키지만 않는다면야 안 될 게 뭐 있어? 하지 마!

Many people are involved in the project.
많은 사람들이 그 계획에 포함되어 있다.

⊙─⊙ **어휘 Plus**
people 사람들
project 계획

evolve [ɪ'vɑːlv]

□ □ □

어원 e(x) [밖] + **vol**(u) [돌다, 말다]

동사 진화하다, 발전하다, 변하다

JACK 그럼 in의 반대말은 out, 여기에 해당하는 접두어 ex를 붙이면 발음의 편의상 x는 탈락이 되어서 evolve[이발브]가 되는데, 이 단어의 의미는 뭘까?

JUNE 바깥으로 만다? 말이 안 되잖아! 말린 것을 펼친다는 의미인가? 뭔가 안쪽에 있던 것이 바깥으로 펼쳐지면서 전개되는 느낌인데?

JACK 정말 대단한데? 새끼 새가 알을 깨고 날개를 펼쳐 오르며 어미 새로 진화하는 느낌, 작은 지점에서 넓은 범위로 펼치며 커져간다는 느낌을 가지면 돼. evolve는 '진화하다, 발전하다' 등의 의미가 있어. 지금 넌 엄청나게 진화하고 있다고.

JUNE 새가 알을 깨자마자 어떻게 어미 새가 되냐? 말도 안 되는 소리 하고 있어.

JACK 이 자식은 칭찬을 해줘도.

Can human beings evolve further?
인간은 더 진화할 수 있을까?

⊙─⊙ **어휘 Plus**
beings 존재
further 더 나아가

44

revolve [rɪˈvɑːlv]

어원 re [다시] + vol(u) [돌다, 말다]

동사 회전하다, 회전시키다

JUNE 어근의 기본 뜻을 중심으로 어떤 접두어가 붙느냐에 따라 의미가 달라지는구나.

JACK 그래, revolve[리발브]의 경우엔 접두어 re에 '다시'의 뜻이 있으니 volv가 반복된다고 봐야지. 자꾸 도는 거니까 '회전하다'라는 뜻이야. 그래서 회전문도 revolving door라고 해. 리볼버(revolver)라는 권총도 회전식 약실을 가지고 있어서 그런 이름이 붙은 거고.

JUNE 그럼 Volvo 자동차도 관련이 있어?

JACK 맞아! volvo는 라틴어로 '나는 구른다'라는 의미인데, 여기서 따온 이름이라고 해.

JUNE 나는 구른다… 나는 구르마. 구루마? 그래서 일본어로 자동차를 구루마라고 하나?

JACK 말 되네.

Many satellites are revolving around the earth.
많은 인공위성들이 지구 주위를 회전하고 있다.

⊙-⊙ **어휘 Plus**
revolving door 회전문
satellite 위성
around 주위에

revolution [rɛvəˈluːʃn]

□ □ □

어원 **re** [다시, 반대로] + **vol**(u) [돌다, 말다] + **tion** 「명접」

명사 혁명, 혁신, 회전

JUNE 프랑스 혁명을 왜 the French Revolution이라고 해? revolution[레벌루션]이 도는 거랑 무슨 관계지? 사람들이 머리가 돌아서 혁명을 일으켰다는 거야?

JACK 혁신적인 생각이군. 우선 revolution은 '회전'이란 명사도 되지만 re라는 접두어에는 '반대로'라는 뜻이 있으니까 현재 세상이 돌아가는 방향과 반대로 돈다는 의미가 될 수 있겠지? 그러면 '혁명'의 이미지가 그려질 거야. 그리고 re의 '다시'라는 의미를 생각해보면 사회의 부조리나 부정부패로 멈춰버린 세상을 다시(re) 돌린다(volu)는 '혁신'의 뜻도 와 닿지?

The industrial revolution brought many changes in our life.
산업혁명은 우리의 생활에 많은 변화를 가져왔다.

⊙-⊙ **어휘 Plus**
industrial 산업의
bring 가져오다
change 변화

rotation [roʊˈteɪʃn]

□ □ □

어원 rota [바퀴] + tion 「명접」

명사 회전, 교대, 순환

JUNE 그럼 지구도 회전하니까 revolution이겠다.

JACK 맞아. 특히 태양 주위를 도는 공전을 revolution이라고 하고, 스스로 회전하는 자전을 rotation[로우테이션]이라고 해. rotation 은 '회전, 교대, 순환' 등의 뜻이 있는데 어근 rota가 바퀴에서 유래했으니 어떤 축을 중심으로 도는 회전을 연상하면 돼.

JUNE 아하! 그래서 동그란 지점을 중심으로 자동차들이 빙글빙글 돌아가는 회전교차로를 로터리(rotary)라고 하는구나!

JACK 이젠 하산해도 되겠다.

We wash dishes by rotation.
우리는 돌아가며 설거지를 한다.

⊙–⊙ **어휘 Plus**
rotary 회전식의
wash 씻다
dish 접시

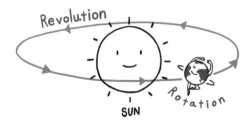

revolt [rɪˈvoʊlt]

| 어원 | re [맞서] + vol(u) [돌다, 말다] |

| 명사 | 반란, 저항 | 동사 | 반란을 일으키다 |

JACK revolve와 어원상으로도 의미상으로도 거의 비슷한 revolt
[리보울트]라는 단어가 있어. '반란'이라는 뜻인데, revolve처럼
무언가 혁신의 결과물에 초점을 두기보단 반대로 돌아가는
행동 자체에 초점을 둔 단어라고 할 수 있지. 그래서 동사로
는 '반란을 일으키다', 명사로는 '반란'의 뜻이야.

JUNE 처음 보는 단어지만 어원 설명을 들으니 확실하게 각인되는
효과가 있군.

The angry students rose in revolt.
분노한 학생들이 반란을 일으켰다.

⊙-⊙ **어휘 Plus**
against ~에 맞서
angry 성난
student 학생
rise 오르다, 일어나다

volition [vəˈlɪʃn] □□□

어원 **vol** [의지(will)] + **tion** 「명접」

명사 의욕, 자유 의지, 결단력

JACK 주의해야 할 것이 있는데, 돌다, 말다 혹은 구르다(roll)의 뜻을 가진 vol 말고 will[윌]의 의미를 가진 vol이 있으니까 헷갈리지 않도록 해. volition[벌리션]이란 단어는 '의욕, 의지'의 뜻이야.

JUNE 그럼 vol이 roll인지 will인지 어떻게 구별할 수 있어?

JACK 구별하기 힘들어. 계속하다 보면 감이 생기긴 하는데, 무엇보다 중요한 건 어원을 이용한 영단어 학습은 전혀 모르는 단어를 보고 어원을 맞히는 연습을 하기 위함이 아니라, 내가 알고 있는 어원 지식을 통해서 단어를 좀 더 근본적으로 이해하기 위함이야.

JUNE 빨리 감이 생기면 좋겠다. 먹고 싶어.

What you need to have most is volition.
네가 가장 가져야 할 것은 의지야.

⊙–⊙ 어휘 Plus
will 의지
roll 구르다
most 최고의, 가장

voluntary ['vɑ:lənteri] □□□

어원 vol [의지(will)] + ary 「형접」
형용 자발적인, 자원봉사의

JACK voluntary[발런테리]의 경우 어떻게 해석하겠니?

JUNE '의지(will)'와 관련한 것이겠지. 이제 와서 '구르는(roll)'이겠니?

JACK 그래, 내 의지를 말하는 거니까 '자발적인, 자원봉사'의 뜻이야. 자원봉사자는 영어로 volunteer[발런티어]라고 하고. 많이 들어봤지?

JUNE '발로 뛰는' 자원봉사. 많이 했지.

She has a long record of voluntary work for NGOs.
그녀는 오랫동안 NGO에서 자원봉사 활동을 한 경력이 있다.

⊙-⊙ **어휘 Plus**
volunteer 자원봉사자
record 기록, 경력
work 활동

영훈Tip 모든 단어를 어원으로 분석하려 들 필요는 없다. 어원 학습법의 장점은 단어를 좀 더 근본적으로 이해하고, 같은 시간에 더욱 효율적으로 단어를 암기할 수 있다는 데 있다. 접두어, 어근, 접미어 등이 복합적으로 적용된 단어를 능동적으로 유추하다 보면 더 오래 기억된다.

benevolent [bəˈnevələnt]

□□□

어원 **bene** [좋은] + **vol** [의지(will)] + **ent** 「형접」

형용 자선의, 자애로운, 자비로운

JACK 예전에 '카페베네'라는 커피전문점이 있었는데 '좋은 커피'라는 의미의 이탈리아어였어. cafe는 커피, bene는 '좋다'라는 뜻이니까. 그럼 benevolent[버네벌런트]는 무슨 뜻일까? vol은 '의지'를 나타내는 어근에 해당해.

JUNE bene는 '좋다'는 뜻이고, vol이 '의지'라면 합해서 '좋은 의지'이니까, 선의?

JACK 아주 좋았어! '선한 의지'를 담은 단어인데 형용사를 의미하는 접미어 ent가 붙어서 '자선의, 자애로운' 등의 의미야.

Jack is a man with a benevolent heart.
잭은 자애로운 마음을 가진 사람이다.

⊙–⊙ **어휘 Plus**
heart 마음

REVIEW

접두어 prefix	어근 root	접미어 suffix
in〔안〕		
e(x)〔밖〕		
	vol(u)〔돌다, 말다〕	
re 〔다시, 반대로, 맞서〕		tion
	rota〔바퀴〕	tion
		tion
	vol〔의지(will)〕	ary
bene〔좋은〕		ent

단어
vocabulary

volume	명 양, 권, 부피, 볼륨
involve	통 관련되다, 참여하다, 포함하다
evolve	통 진화하다, 발전하다, 변하다
revolve	통 회전하다, 회전시키다
revolution	명 혁명, 혁신, 회전
revolt	명 반란, 저항 통 반란을 일으키다
rotation	명 회전, 교대, 순환
volition	명 의욕, 자유 의지, 결단력
voluntary	형 자발적인, 자원봉사의
benevolent	형 자선의, 자애로운, 자비로운

QUIZ

1. Do you mind turning the (   ) down?
   소리 좀 낮춰주시겠어요?

2. Many people are (   ) in the project.
   많은 사람들이 그 계획에 포함되어 있다.

3. Can human beings (   ) further?
   인간은 더 진화할 수 있을까?

4. Many satellites are (   ) around the earth.
   많은 인공위성들이 지구 주위를 회전하고 있다.

5. The industrial (   ) brought many changes in our life.
   산업혁명은 우리의 생활에 많은 변화를 가져왔다.

6. We wash dishes by (   ).
   우리는 돌아가며 설거지를 한다.

7. The angry students rose in (   ).
   분노한 학생들이 반란을 일으켰다.

8. What you need to have most is (   ).
   네가 가장 가져야 할 것은 의지야.

9. She has a long record of (   ) work for NGOs.
   그녀는 오랫동안 NGO에서 자원봉사 활동을 한 경력이 있다.

10. Jack is a man with a (   ) heart.
    잭은 자애로운 마음을 가진 사람이다.

LESSON

4

mis · mit 보내다

mission [ˈmɪʃn]

□ □ □

어원 mit(tere) [보내다] + sion 「명접」

명사 임무, 선교

JACK mission[미션]이라는 단어는 '보내다(send)'의 뜻을 가진 라틴어 mittere에서 비롯된 단어야. 시간이 흐르면서 지역에 따라 어근을 mis로도 변형해서 사용하게 된 거지. 옛날부터 기독교에서는 종교를 널리 전파하기 위해서 선교사들을 해외에 파견했잖아. 그들에게 '선교'라는 '임무'를 줘서 보낸다는 의미를 담고 있어. 그런 임무(mission)를 가지고 파견된 사람을 missionary[미셔너리], 즉 '선교사'라고 해.

JUNE 그래서 미사일(missile)이 멀리 보내는 무기를 의미하는구나.

JACK 맞아. 그리고 미사일은 영국식 발음이고 미국에서는 '미쓸'이라고 해.

His mission was to do the missionary work there.
그의 임무는 그곳에서 선교 활동을 하는 것이었다.

⊙-⊙ 어휘 Plus
missionary 선교사, 선교의

56

commit [kəˈmɪt]

☐ ☐ ☐

어원 **com** [함께] + **mit**(tere) [보내다]

동사 전념하다, 저지르다, 약속하다, 위임하다

JUNE commit[커미트]는 여러 가지 뜻이 있어서 외우기가 힘들어.

JACK 그럴 때 바로 어원 학습법이 빛을 발하는 거야. 우선 접두어 com은 '함께'라는 뜻인 거 기억나지? 어근 mit는 '보내다'라는 뜻이니까 이런 의미들을 떠올리면서 이미지를 그려봐.

JUNE 함께 보낸다. 뭘 보낸다는 건지…?

JACK 어떤 일에 집중하면서 내가 가진 모든 에너지를 그쪽으로 '함께 보낸다'는 거야. 그래서 '전념하다'의 의미를 갖게 되었지. 그 일에만 깊이 빠지다 보면 사고를 치기도 하겠지? 그래서 '저지르다'의 의미도 있어. 특히 나쁜 일을 저지를 때 많이 써. 또 저지른 일에 대한 책임을 질 때 그냥 말로 때우는 게 아니라 약속과 다짐을 함께 보낸다는 측면에서 '약속하다'의 뜻도 있어. 모두 함께(com) 보내는(mit) 것이다 보니 '믿고 위임하다'라는 뜻도 있고.

He committed the crime while he was drunk.
그는 술에 취해 범죄를 저질렀다.

⊙–⊙ **어휘 Plus**
crime 범죄
while ~동안에
drunk 취한

commission [kəˈmɪʃn]

☐ ☐ ☐

어원 com [함께] + mit(tere) [보내다] + sion 「명접」

명사 위임, 수수료, 위원회

JACK commit[커미트]의 명사형은 commitment[커미트먼트]인데 '전념, 약속, 헌신' 등의 의미가 있어. 단 '위임하다'라는 뜻으로 쓰는 commit의 명사형은 commission[커미션]으로 다르게 쓰니까 헷갈리지 않도록 잘 기억해둬. 이때 '위임'을 하면서 발생하는 '수수료'도 commission이라고 해.

JUNE 개별적으로 보면 복잡한데 연결고리를 이해하니까 의미가 와 닿는걸?

You get 10% commission on each sale.
매번 판매될 때마다 10%의 수수료를 드립니다.

⊙─⊙ **어휘 Plus**
commitment 전념, 약속, 헌신
each 각각

admit [əd'mɪt]

□ □ □

어원 ad [to] + mit (tere) [보내다]

동사 허가하다, 인정하다

JACK admit[어드미트]는 동사 앞에 사용하는 부정사 to의 의미를 가진 접두어 ad에 '보내다'의 뜻인 mit를 붙여 만든 단어인데 '누군가를 들여보내준다거나, 어떤 사실을 막아서지 않고 인정해서 통과하도록 하는 상황'에 사용하는 것이다 보니 '허가하다, 인정하다'의 뜻이라고 보면 돼. 명사형은 admission[어드미션]인데 '입장, 입학, 가입' 등 '들어가는 것'과 관련이 있어. 그렇다 보니 '입장료, 가입비' 등을 admission fee[피]라고도 해.

JUNE 기억나? 우리 고등학생 때 지각해서 담장 밑으로 몰래 들어가려다 선생님한테 걸려서 "'어디 밑'으로 들어와?" 하고 혼났던 일?

I must admit I am nervous.
긴장하고 있다고 인정해야겠네요.

👓 **어휘 Plus**
admission 입장, 입학, 가입
fee 요금, 수수료
must ~해야 하다
nervous 긴장한

emit [i'mɪt]

☐ ☐ ☐

어원 e(x) [밖(out)] + mit(tere) [보내다]

동사 방출하다, 내뿜다

JACK mit 앞에 e만 붙이면 emit[이미트]이라는 단어가 되는데, 쉬운 단어니까 어원을 한번 풀어볼래?

JUNE 그래, 딱 보니까 알겠네. e는 ex의 줄임말로 '밖'의 뜻을 가진 접두어니까 '밖(ex)으로 내보낸다(mit)', 뭔가 내뿜는 느낌이 드는데?

JACK 정확해! 뒤에 나오는 목적어에 따라 '배출하다, 내뿜다, 방출하다, 발산하다' 등의 의미로 쓰이지. 그런데 가만 있자, 아까부터 무슨 냄새가 나는데, 어디서 배출(emit)되는 거야?

JUNE 이 밑! 쏘리.

Smoking emits very harmful poisons.
흡연은 매우 해로운 독성 물질을 배출한다.

(돈까스!)
Hey! Don't Gas!
방귀 뀌지 마

⊙–⊙ 어휘 Plus
harmful 해로운
poison 독, 독성물질

omit [əˈmɪt]

□ □ □

어원 o(b) [거꾸로, 아래로] + mit(tere) [보내다]

동사 누락하다, 제외하다, 생략하다

JACK 접두어 o는 ob의 줄임말인데 '아래로'라는 뜻이야. mit에 이 접두어 o를 붙이면 아래로 보내다, 즉 '빠뜨리다, 생략하다'의 뜻으로 해석할 수 있어.

JUNE emit[이미트]와 omit[어미트]는 접두어의 차이밖에 없지만, 접두어의 의미대로 해석하는 게 아니라 새로운 의미로 확장되네?

JACK 맞아. 접두어의 의미를 그대로 적용한다면 omit는 '아래로(ob) 보내다(mit)'라는 뜻만 되겠지. 하지만 의미의 범위가 시간이 지나면서 점점 넓어지다가 현대 영어에 와서는 '누락하다, 제외하다, 생략하다'라는 상황에 사용하는 단어로 자리하게 된 거야. 그걸 깨닫기 시작했다니 다시 보이는걸?

JUNE 보이(boy)는 걸(girl)이라니? 소년이 어째서 소녀란 말이지? 미안, 요즘 영어가 너무 착착 붙어서….

Be careful not to omit anything.
아무것도 빠뜨리지 않도록 조심해.

⊙─⊙ **어휘 Plus**
careful 조심하는
anything 아무것

vomit ['vɑːmɪt] □ □ □

어원 weme [뱉다] + mit(tere) [보내다]
동사 토하다

JACK '토하다'를 영어로 뭐라고 하는 줄 알아?

JUNE 오바이트(overeat)라고 할 줄 알았지? 그건 '과식하다'는 뜻이고 '토하다'는 puke[퓨-크], throw up[쓰로우업]이라고 하지.

JACK 자주 경험하는 단어라서 그런지 너무나 잘 알고 있구나. 그리고 vomit[바미트]라는 단어도 있어. mit 앞에 붙는 접두어 vo가 '뱉다'는 의미거든. 그러니까 뱉어서 보내다, 즉 '토하다'가 되는 거지.

This hangover is making me want to vomit.
숙취 때문에 토할 지경이야.

⊙─⊙ **어휘 Plus**
overeat 과식하다
puke 토하다
throw up 토하다
hangover 숙취

뭐 해?

봐 밑...

submit [səbˈmɪt]

어원 sub [아래] + mit(tere) [보내다]

동사 제출하다, 굴복하다

JACK 이번엔 mit 앞에 '아래'라는 의미를 가진 접두어 sub를 붙여 볼까? 뭔가를 아래로 보낸다(mit)는 측면에서 서류 같은 것들을 '제출하다'라는 뜻으로 사용하는 단어이지만, '굴복하다'의 뜻도 있어. 경쟁에서 패할 경우 1등, 2등 등수에서 보듯, 이긴 자의 아래로 보내진다는 의미를 생각해보면 submit[서브미트]의 '굴복하다'라는 뜻도 충분히 이해가 될 거야. 명사형은 submission[서브미션]인데 '제출, 굴복(항복)'의 뜻이 되지. 격투기를 보다 보면 상대방으로부터 '항복'을 받아내서 이긴 승리를 '서브미션 승'이라고 하잖아.

JUNE 아하, 그런 뜻이었구나! 난 또 기사만 보고, '서브미션'이란 선수가 자주 승리하는구나 생각했지.

You should submit your report by the due date.
여러분은 기한까지 보고서를 제출해야 합니다.

⊙─⊙ **어휘 Plus**
submission 제출, 굴복
due 예정된

dismiss [dɪsˈmɪs]

어원 **dis** [멀리] + **mit**(tere) [보내다]

동사 묵살하다, 해고하다, 해산하다

JACK 앞에서 배웠듯이 mis도 mit와 같이 '보내다'라는 의미를 품고 있어. 여기에 '멀리, 떨어져' 등의 뜻을 가진 접두어 dis를 붙이면 dismiss[디스미스], 즉 '멀리 보내다'라는 의미가 되겠지? 그래서 모여 있는 사람들을 멀리 보내다, 즉 '해산하다, 사람을 해고해서 멀리 떠나보내다'라는 뜻이야. 또 생각이나 의견 따위를 멀리 집어 던지는 것에서 '묵살하다, 일축하다'의 뜻도 되고.

JUNE 가짜 뉴스에서 나온 주장들을 공식적인 자리에서 일축할 때 적격인 단어로군.

It was a big mistake for us to dismiss her opinion.
그녀의 의견을 묵살한 것은 우리에게 큰 실수였다.

⊙─⊙ **어휘 Plus**
opinion 의견

compromise [ˈkɑːmprəmaɪz] □ □ □

어원 com [함께] + promise [약속하다]

명사 타협, 절충안 **동사** 타협하다, 양보하다, 훼손하다

JACK '약속'이 영어로 뭔 줄 알아?

JUNE 그 정돈 당연히 알지, promise[프라미스] 아니야? 나도 중학교 단어 정도는 외웠다고.

JACK 좋아. 거기에 접두어 com을 붙이면 compromise[캄프러마이즈] 라는 단어가 되는데, 이 단어는 너무 복잡하게 어원 속을 파고 들어갈 필요 없이 우리가 이미 알고 있는 의미대로 해석해 볼까?

JUNE 함께(com) 약속(promise)한다?

JACK 그렇지. 함께 잘 해내려면 서로 양보하고 타협해야겠지? 그래서 '양보하다, 타협하다'의 뜻이 있어. 그리고 양보를 하면 자기 걸 손해 볼 수밖에 없잖아. 그런 이유로 '훼손하다'라는 뜻으로도 쓰이니까 글의 맥락을 잘 봐서 해석해야 해.

JUNE 이젠 맥이 보이기 시작해. 한의사 할까 봐.

Let's try to reach a compromise together.
타협점에 도달할 수 있도록 함께 노력합시다.

⊙–⊙ **어휘 Plus**
promise 약속하다
reach 도달하다

REVIEW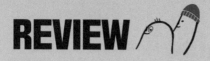

접두어 prefix	어근 root	접미어 suffix
		sion
com〔함께〕		
		sion
ad〔to〕		
e(x)〔밖(out)〕	mit(tere) 〔보내다〕	
o(b)〔거꾸로, 아래로〕		
weme〔뺄다〕		
sub〔아래〕		
dis〔멀리〕		
com〔함께〕	promise〔약속하다〕	

단어
vocabulary

mission	명 임무, 선교
commit	통 전념하다, 저지르다, 약속하다, 위임하다
commission	명 위임, 수수료, 위원회
admit	통 허가하다, 인정하다
emit	통 방출하다, 내뿜다
omit	통 누락하다, 제외하다, 생략하다
vomit	통 토하다
submit	통 제출하다, 굴복하다
dismiss	통 묵살하다, 해고하다, 해산하다
compromise	명 타협, 절충안 통 타협하다, 양보하다, 훼손하다

QUIZ

1. His (　　　) was to do the missionary work there.
그의 임무는 그곳에서 선교 활동을 하는 것이었다.

2. He (　　　) the crime while he was drunk.
그는 술에 취해 범죄를 저질렀다.

3. You get 10% (　　　) on each sale.
매번 판매될 때마다 10%의 수수료를 드립니다.

4. I must (　　　) I am nervous.
긴장하고 있다고 인정해야겠네요.

5. Smoking (　　　) very harmful poisons.
흡연은 매우 해로운 독성 물질을 배출한다.

6. Be careful not to (　　　) anything.
아무것도 빠뜨리지 않도록 조심해.

7. This hangover is making me want to (　　　).
숙취 때문에 토할 지경이야.

8. You should (　　　) your report by the due date.
여러분은 기한까지 보고서를 제출해야 합니다.

9. It was a big mistake for us to (　　　) her opinion.
그녀의 의견을 묵살한 것은 우리에게 큰 실수였다.

10. Let's try to reach a (　　　) together.
타협점에 도달할 수 있도록 함께 노력합시다.

LESSON

5

sti- 찌르다

stick [stɪk]

어원 sti(cca) [막대기]

명사 막대기 **동사** 찌르다, 붙이다, 고정하다, 머무르다

JACK stick[스틱] 하면 생각나는 단어들을 한번 말해볼래?

JUNE 많지. 참스틱, 립스틱, 치즈스틱….

JACK 막대기 같은 '가늘고 길쭉한 물건'이 떠오르지? 물리적인 모양에서 연상되는 동작은 동사가 될 수 있는데, 길고 가는 물건이니까 찌르는 모습을 연상할 수 있을 거야. 그래서 stick은 동사로 '찌르다, 꽂다, 끼우다' 등으로 해석되고 여기에서 출발해서 다양한 동사적 의미로 뻗어가. 자, 생각을 좀 더 확장해보자. 끼운다는 것은 어딘가에 고정하는 거니까 결국 그곳에 붙어 있는 셈이 되지? 그래서 stick에는 '붙이다, 고정하다'의 의미도 있고, 계속 붙어 있으니까 '머무르다'의 뜻도 담겨 있어. 스티커(sticker)도 붙이는 물건이잖아. 정리해보면 stick은 prick[프릭]의 '찌르다', pierce[피어스]의 '뚫다', 일단 꽂으면 계속 꽂혀 있으니 stay[스테이]의 '머물러 있다'라는 의미까지 가지고 있어.

JUNE 뭐가 그리 많아! 정말 판타스틱하구만!

I almost poke my eye with this stick.
하마터면 이 막대기로 눈을 찌를 뻔했지 뭐야.

sting [stɪŋ]

어원 sti(ngan) [찌르다]

동사 찌르다, 쏘다, 따갑다 **명사** 침

JACK stick처럼 '찌르다'의 어근을 가진 또 다른 단어로 sting[스팅] 이 있어. '쏘다, 찌르다'의 의미를 가진 단어인데, 침, 가시 등 뾰족한 부분을 칭하기도 해. 또한 형용사형인 stinging[스팅잉] 은 '얼얼한, 타는 듯한, 앙칼진, 아린' 등등 뭔가 날카로운 것 이 아프게 자극하는 느낌의 단어야. 뾰족한 침에서 이 모든 것들이 쉽게 연상되지 않니? 참고로 stinging voice는 '앙칼 진 목소리', the sting of conscience는 '양심의 가책'이란 뜻 이야. 너랑 관련 있을 것 같아 준비했어.

JUNE 벌침에 잇몸을 쏘여봐야 정신 차릴 래? 하여간 우리도 양심에 '찔리 다'라는 표현을 하는데 많이 비슷하군.

벌침도
Sting

My eyes start to sting again.
두 눈이 다시 따끔거리기 시작했어.

⊙–⊙ **어휘 Plus** ◀ stay 머무르다 ▶ stinging 얼얼한, 아린
almost 거의 voice 목소리
poke 찌르다 conscience 양심

instinct [ˈɪnstɪŋkt]

□ □ □

어원 in [안] + stingu(ere) [찌르다, 밀어내다]

명사 본능, 직감

JACK instinct[인스팅트]는 '본능'이란 뜻인데 어근 stinct의 어원에 해당하는 라틴어 stinguere가 '찌르다'라는 의미를 내포하고 있어. 나의 마음 안쪽(in)에 있는 그 무엇인가를 찔러서 나도 모르게 직감적으로 느껴지는 본능을 instinct라고 한다는 것이지. 기본적인 본능을 basic instinct라고 하는데, '원초적 본능'이라는 야릇한 이름으로 너에게 삶의 희망을 주었던 영화 기억나지? 심지어 그 옛날에 비디오테이프로 보았던? 그 영화의 원제가 바로 Basic Instinct야.

JUNE 맞다. 그거 너한테 돌려줘야 하는데 깜박했다.

It's not easy to calm down our instinct.
본능을 억제하기가 쉬운 일은 아니지.

⊙-⊙ **어휘 Plus**
basic 기본적인
easy 쉬운
calm down 진정시키다

prick [prɪk]

어원 prica [점, 구멍]

동사 찌르다

JUNE '찌르다'라는 의미의 단어가 stick 말고 또 뭐가 있어?

JACK prick[프릭]이란 단어가 있어. 특히 prick은 작은 구멍 같은 걸 뚫을 때 적절한 단어라고 할 수 있지. 원래 point[포인트], dot[닷]처럼 '작은 점'에서 유래하다 보니 그렇게 됐어. 그래서 뾰족한 주삿바늘로 찌르거나 피부를 피가 나도록 찌르는 데에도 쓰고, 심지어 귀를 뾰족하게 쫑긋 세워서 귀 기울여 듣는 것에도 사용할 수 있어. 그리고 남에게 아픔을 준다거나 양심에 찔릴 때도 사용하지.

JUNE 그래서 네가 prick에 대해서 잘 알고 있구나.

He pricked a hole with a pin.
그는 핀으로 찔러 구멍을 냈다.

⊙─⊙ **어휘 Plus**
point 점, 의견, 가리키다
hole 구멍

pierce [pɪrs]

□ □ □

어원 perser [앵글로 프랑스어: 구멍을 내다, 뚫다]
동사 뚫다

JUNE 그럼 아까 말한 pierce[피어스]와는 무슨 차이가 있지?

JACK pierce는 구멍을 만들어서 길을 낸다는 뜻의 단어야. 뚫는다는 느낌이니까 콕 찌르는 것하고는 좀 다르지. 몸에 구멍을 내는 피어싱(piercing)을 생각하면 금방 이해될 거야.

I am going to pierce my ears.
나 귀 뚫을 거야.

ⓞ–ⓞ **어휘 Plus**
piercing 피어싱, 뚫은 구멍, 꿰뚫는
be going to ~할 것이다

누가 피어싱 해달라고 했어?

영끌Tip stick은 왜 '스틱'이라고 발음할까? 힘을 좀 덜 들이고자 하는 자연스러운 습관 때문인데, 실제로 한 번의 호흡으로 연속해서 발음해보면 '틱'보다는 '띡'을 훨씬 더 많이 말할 수 있다.

extinguish [ɪkˈstɪŋɡwɪʃ]   □ □ □

어원 ex [밖(out)] + stingu(ere) [찌르다, 밀어내다] + ish 「동접」

동사 (불을) 끄다, 진화하다, 소멸시키다

JACK 찌르는 동작을 떠올려봐. 미는 동작과 비슷하지? 그래서 라틴어 어근 stingu-에는 '찌르다'라는 의미와 함께 어떤 위치에 존재하는 것을 '밀어내다'는 뜻도 들어 있어. 여기에 '밖'을 의미하는 접두어 ex를 붙이면 extinguish[익스팅귀시]라는 단어가 되는데, 밖으로 몰아내 '소멸시키다, (불길을) 진화하다'라는 뜻이야.

JUNE 소화기에서 본 것 같아. fire extinguisher[익스팅귀셔]라고 쓰여 있는 거.

You should extinguish your cigarettes in the hall.
홀 안에서는 담배를 꺼야 해.

◉─◉ **어휘 Plus**
fire extinguisher 소화기

distinguish [dɪˈstɪŋgwɪʃ] ☐ ☐ ☐

어원 dis [따로] + stingu(ere) [찌르다, 밀어내다] + ish 「동접」

동사 구별하다, 특징짓다

JACK distinguish[디스팅귀시]는 어근 stingu-에 '따로'를 뜻하는 접두
어 dis가 결합된 단어인데, '따로따로 밀어내다'라는 의미야.
어원상의 해석에서 보듯 필요한 조건에 따라 따로 구별 짓는
행동을 이야기하지.

JUNE 학회 같은 장소에서 distinguished scholars[스칼러즈]라는 표
기를 본 것 같은데 그건 무슨 의미야?

JACK 그만큼 '선별된 학자들'이란 거지. '유명한, 성공한'이라는 의
미라고 보면 돼. 확실히 외워둬! 너랑 관계없는 말이라서 금
방 까먹을까 봐 그래.

It's important to distinguish fact from fake news.
팩트와 가짜 뉴스를 구별하는 것이 중요하다.

⊙─⊙ **어휘 Plus**
scholar 학자
fact 사실
fake 가짜의

stitch [stɪtʃ]

☐ ☐ ☐

어원 sti(ce) [찌름]

명사 바늘땀 **동사** 꿰매다

JACK '찌르다'에서 유래한 또 다른 단어로 stitch[스티치]가 있어. 바늘로 한 땀 한 땀 찔러서 만든 옷은 폼 나지? 옷에 있는 바늘땀 그리고 그 바느질 방식을 의미하는 단어이기도 하고, 그렇게 바늘로 옷감을 찔러서 꿰매는 동작을 의미하기도 해. 영화를 보다 보면 '누군가를 속이다, 죄를 덮어씌우다'라는 의미로 stitch someone up이라는 표현도 자주 사용되니 함께 알아두면 좋을 것 같아. 손으로 한 땀 한 땀 바느질을 하는 행위가 '(손으로) 조종하다, 조작하다'의 뜻을 가진 manipulate[머니퓰레이트]를 연상하게 하는데 그것과 관련이 있는 것으로 보면 돼.

JUNE 마침 내가 입고 있는 이 옷이 이태리 장인이 한 땀 한 땀 바느질로 만든 옷이야. 어때? 쩔지?

JACK 응! 땀에 쩔어 보여.

A stitch in time saves nine.
제때의 한 땀은 뒤에 아홉 바늘의 수고를 덜어준다. 〈서양속담〉

⊙–⊙ 어휘 Plus
stitch someone up 누군가를 속이다
manipulate 조종하다
save 구하다, 아끼다

stimulate [ˈstɪmjuleɪt]

☐ ☐ ☐

어원 sti(mulare) [찌르다] + ate 「동접」

동사 자극하다, 촉진하다, 흥분시키다

JACK stimulate[스티뮬레이트]는 '자극하다, 흥분시키다'의 뜻이야. sti-가 들어 있으니 '찔러서 자극하다'에서 유래한 걸 알 수 있어. 그리고 자극을 받게 되면 멈추어 있던 생각이 되살아나 행동으로 옮기기 때문에 '촉진시키다'라는 의미도 가지고 있어.

JUNE 하긴, 나도 야식 먹으면서 TV 볼 때 날씬한 연예인들 나오면 찔리더라고. '날씬한'을 표현할 때는 어떤 단어가 좋을까?

JACK slender[슬렌더]가 딱 좋아. skinny[스키니]는 너무 야위었다는 뜻이고, thin[씬]도 사람에 따라 너무 마른 것으로 들릴 수 있고, slim[슬림]은 좋아. slender는 칭찬의 느낌이 가득하지.

JUNE 너랑 상관도 없는 단어를 무척 많이 알고 있구나? 하여간 난 slender한 사람을 보면 늘 '설렌다'.

We need plans to stimulate birth rate.
출산율을 높이기 위한 계획이 필요하다.

⊙–⊙ 어휘 Plus

slender 날씬한	slim 날씬한
skinny 깡마른	plan 계획
thin 여윈	birth rate 출산율

stigma [ˈstɪɡmə]

□ □ □

어원 stigma [인두로 지진 표식]

명사 치욕, 낙인, 오명

JACK '오명(disgrace), 낙인(brand)'이라는 뜻을 가진 stigma[스티그머]
라는 단어에서도 '찌르다'의 의미를 찾아볼 수 있어. 불에 달
군 쇠로 찔러서 표식을 피부나 겉면에 새긴 것을 말하지. '표
식'의 뜻에서 출발해서 낙인 〉 오명 〉 망신 〉 수치의 의미까
지 확장해 사용할 수 있는 단어야. 현대 영어에서 '상표'의 뜻
으로 사용하는 brand[브랜드]라는 단어도 원래 '불, 불꽃, 숯'이
란 의미였는데, 어떤 영구적인 표시를 하기 위해 불을 사용한
데서 유래한 말이지. 추가로 알아둬!

JUNE 지금으로선 상상하기 힘든 행동에서 나온 무서운 단어로군!

He tried to remove the stigma of alcoholism.
그는 알코올 중독자라는 오명을 지우기 위해 노력했다.

⊙-⊙ **어휘 Plus**
disgrace 오명
brand 상표
remove 지우다
alcoholism 알코올 중독

REVIEW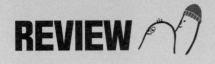

접두어 prefix	어근 root	접미어 suffix
in〔안〕		
ex〔밖〕	sti 〔막대기, 찌르다, 밀어내다〕	ish
dis〔따로〕		ish
		ate
	stigma〔인두로 지진 표식〕	
	prica〔점, 구멍〕	
	perser 〔앵글로 프랑스어: 구멍을 내다, 뚫다〕	

단어
vocabulary

stick	몡 막대기 통 찌르다, 붙이다, 고정하다, 머무르다
sting	통 찌르다, 쏘다 몡 침
instinct	몡 본능, 직감
extinguish	통 (불을) 끄다, 진화하다, 소멸시키다
distinguish	통 구별하다, 특징짓다
stitch	몡 바늘땀 통 꿰매다
stimulate	통 자극하다, 촉진하다, 흥분시키다
stigma	몡 치욕, 낙인, 오명
prick	통 찌르다
pierce	통 뚫다

QUIZ

1. I almost poke my eye with this (   ).
하마터면 이 막대기로 눈을 찌를 뻔했지 뭐야.

2. My eyes start to (   ) again.
두 눈이 다시 따끔거리기 시작했어.

3. It's not easy to calm down our (   ).
본능을 억제하기가 쉬운 일은 아니지.

4. He (   ) a hole with a pin.
그는 핀으로 찔러 구멍을 냈다.

5. I am going to (   ) my ears.
나 귀 뚫을 거야.

6. You should (   ) your cigarettes in the hall.
홀 안에서는 담배를 꺼야 해.

7. It's important to (   ) fact from fake news.
팩트와 가짜 뉴스를 구별하는 것이 중요하다.

8. A (   ) in time saves nine.
제때의 한 땀은 뒤에 아홉 바늘의 수고를 덜어준다.

9. We need plans to (   ) birth rate.
출산율을 높이기 위한 계획이 필요하다.

10. He tried to remove the (   ) of alcoholism.
그는 알코올 중독자라는 오명을 지우기 위해 노력했다.

LESSON

6

vac · void 빈

vacuum [ˈvækjuəm]

☐☐☐

어원 **vac**(uus) [비어 있는]
명사 진공, 공백, 부재

JUNE 새로 산 진공청소기의 흡입력이 장난이 아니야. 청소하다 하마터면 나도 통째로 빨려 들어갈 뻔.

JACK 큰일 날 뻔했구나. 좀 더 센 거로 샀어야지. 진공청소기의 원리는 팬을 돌려서 인위적으로 진공의 공간을 만들고, 그쪽으로 공기의 대류가 일어나도록 하는 것인데 엄밀히 말하자면 진공은 아니고 기압이 낮은 공간이라고 할 수 있지. 진공이란 진짜 비어 있다는 의미인데 영어로 vacuum[배큐엄]이라고 해. 진공청소기는 vacuum cleaner라고 하지만 그냥 vacuum만으로도 통해.

JUNE 많이 본 단어이긴 한데 발음이 베컴이 아니라 '배큐엄'이구나.

We can not hear anything in a vacuum.
진공 속에선 아무 소리도 들을 수 없다.

⊙–⊙ **어휘 Plus**
cleaner 청소기
hear 듣다, 들리다

vacate [ˈveɪkeɪt]

어원 **vac**(uus) [비어 있는] + **ate** 「동접」

동사 비우다, 떠나다

JACK 어근 vac에 동사형 접미어 -ate가 붙으면 '비우다, 떠나다'의 뜻을 가진 단어 vacate[베이케이트]가 돼. 어원상의 의미와 같지.

JUNE 비우는 것과 떠나는 의미가 어떻게 동시에 있지?

JACK 예를 들어 호텔에서 체크아웃한다고 생각해보자고. vacate a room은 방을 비우는 것이고 그것은 결국 그 방을 떠나는 셈이 되잖아? 이처럼 맥락에 따라 같은 의미가 될 수도 있지.

We are supposed to vacate this room tomorrow.
우린 내일 방을 비워줘야 해.

⊙-⊙ **어휘 Plus**
be supposed to ~하기로 되어 있다.

vacant [ˈveɪkənt]

☐ ☐ ☐

어원 vac(uus) [비어 있는] + ant 「형접」

형용 텅 빈, 없는

JACK 형용사형인 vacant[베이컨트]는 아마 자주 본 단어일 거야. 비행기 화장실을 가보면 사람이 안에 없을 때 바로 이 vacant 표시를 확인할 수 있지.

JUNE 맞아, 안에 들어가서 문고리를 걸면 바로 occupied[아큐파이드](사용 중)라는 표시로 바뀌더라고.

JACK 주의해야 할 것은 부사형 vacantly[베이컨틀리]인데 '멍하게'의 뜻이야. 머릿속이 텅 비어 있는 상태에서 뭔가를 바라본다고 생각하면 되겠지?

There are a couple of vacant seats in the back.
뒤쪽에 빈자리 몇 개가 있어.

⊙–⊙ **어휘 Plus**　◀ occupy 차지하다　▶ forget 잊다
　　　　　　　　　vacantly 멍하게　　rock 돌, 암석
　　　　　　　　　a couple of 몇 개의　festival 축제

vacuous [ˈvækjuəs]

☐☐☐

어원 **vac**(uus) [비어 있는] + **ous** 「형접」

형용 공허한, 텅 빈, 멍한, 멍청한, 얼빠진

JUNE vacantly가 '멍하게'라는 부사라면 '멍한'이라는 형용사는 영어로 어떻게 돼?

JACK vacant(텅 빈)가 물리적인 공간에 좀 더 어울린다면 vacuous [배큐어스]는 생각이나 표정 쪽으로 '텅 빈' 혹은 '멍한'의 의미가 있어. 심지어 '멍청한, 얼빠진' 등과 같이 강한 의미로도 사용할 수 있고. 어근에 해당하는 vac에 이미 '비어 있는, 진공의'라는 뜻이 있다 보니 사용 범위가 넓은 편이야. 예를 들어 보온병을 만들 때 공기를 빼내고 진공 상태로 만드는 것을 make it vacuous라고 표현하기도 하지. vacuous는 이처럼 다양하게 쓰이니까 맥락으로 판단하면 돼.

JUNE 설명이 후달리면 맨날 맥락이래.

JACK 영어 단어 하나에 한국어 단어 한 개가 일대일로 대응할 수는 없잖아? 그럼 돌잔치가 영어로 rock festival이게?

Rock Festival

I can never forget her vacuous look.
그녀의 공허한 시선을 잊을 수가 없다.

vacation [vəˈkeɪʃn]

☐ ☐ ☐

어원 **vac**(uus) [비어 있는] + **tion** 「명접」

명사 방학, 휴가

JUNE '방학, 휴가'를 vacation[버케이션]이라고 하는데 뭔가를 비우러 (vac) 떠난다는 건가?

JACK 뭔가 낭만적이고 철학적인 해석인걸? vacation 기간 동안은 일이나 학업에서 벗어나 휴식의 시간을 갖기 때문에 일과 학업이 비어 있는 상태가 되는데, 바로 그걸 의미하는 단어야. 물론 자리도 비우게 되니까 책임져야 할 일이 없다는 의미에서 유래한 단어라고도 할 수 있지.

I am leaving on vacation next week.
나 다음 주에 휴가 떠날 거야.

⊙–⊙ **어휘 Plus**
leave 떠나다
next week 다음 주

vacancy [ˈveɪkənsi]

□ □ □

어원 **vac**(uus) [비어 있는] + **y** 「명접」

명사 빈자리, 빈방, 결원

JACK 그리고 공간이든 사람이든 '비어 있는 상태'를 나타내는 명사로 vacancy[베이컨시]가 있어. 사람일 경우엔 '결원'이라는 해석이 자연스럽지. '휴가'라는 의미로 우리가 흔히 사용하는 '바캉스(vacance)'라는 말도 앞서 말한 영단어 vacation과 vacancy의 뜻을 모두 가진 프랑스말이야. '휴가'도 되고 '비어 있음'도 의미하는 단어지.

JUNE 맥주(beer)가 가득 따라져 있어도 내 눈엔 '비어' 있지.

There is no vacancy on that day.
그날엔 빈방이 없어.

맥주는 Beer야 해!

evacuate [ɪˈvækjueɪt]

□ □ □

어원 e(x) [밖] + **vac**(uus) [비어 있는] + **ate** 「동접」

동사 비우다, 대피시키다, 소개하다

JUNE 바캉스라는 말을 들으니 갑자기 어디론가 멀리 떠나고 싶다. 잠시 이 복잡한 도시에서 벗어나고 싶어.

JACK 때마침 힌트를 주네. 대피시킨다는 뜻을 가진 evacuate[이배큐에이트]라는 단어에도 vac이 들어 있어. 접두어 e는 '밖'의 의미가 있는 ex인데 뒤에 v와 자음 충돌을 일으키다 보니 탈락이 되어서 e만 남았어. vac은 '비어 있는'이니까 뭔가를 밖으로 내보내면서 안쪽을 비우는 그림이 그려지지? 이처럼 바깥으로 대피시키는 것, 좀 어려운 말로 '소개하다'의 의미를 가진 단어가 바로 evacuate야. 명사는 evacuation[이베큐에이션], '대피, 소개'의 뜻이야.

JUNE 전에 우리 마을에 소개령 내렸을 때 소, 개도 모두 대피시키라고 하더군.

JACK 대체 거기가 어디니?

They used the stairs to evacuate.
그들은 계단을 통해 대피하였다.

⊙─⊙ **어휘 Plus**
evacuation 대피, 소개
use 사용하다
stair 계단

avoid [əˈvɔɪd]

□ □ □

어원 a [강조(out)] + void [비우다]

동사 피하다, 회피하다, 방지하다

JACK avoid[어보이드]라는 동사는 out의 의미를 가진 접두어 a가 특이하게 그냥 '강조'의 기능만 하고 있어서 그다지 중요하지 않으니 이건 신경 안 써도 돼. 어근 void 부분이 vac과는 약간 달라 보이긴 하지만 vac의 어원과 비슷하게 '비우다'에서 비롯된 거야. '가지고 있지 않고 비우다'라는 의미에서 '피하다'까지 연결되는데, 다소 연상의 간극이 멀게 느껴질 수 있지만, 비어 있는 쪽으로 몸을 피하는 장면을 떠올리면 좀 도움이 될 거야.

JUNE 영화에서 보면 멀리서 총탄이 쏟아질 때 주변에 비어 있는 곳으로 몸을 피하잖아? 그걸 떠올리니까 쉽게 이해가 돼.

How come you avoid me?
어째서 나를 피하는 거지?

⊙–⊙ **어휘 Plus**
empty 빈, 비우다
how come 어째서 ~인가?

vanish [ˈvænɪʃ]

☐ ☐ ☐

어원 van(us) [비우다] + ish 「동접」

동사 사라지다

JACK 마찬가지로 '비우다'의 어원에서 비롯된 단어 중에 vanish[배니쉬]가 있지. 존재하고 있던 공간을 비움으로서 싹 사라진다는 의미야. '소멸시키다, 사라지게 하다'라는 타동사로도 사용이 가능하고, 사람, 물건, 제도, 감정 등이 홀연히 사라지는 것에 사용할 수 있어.

JUNE 마치 내 통장의 잔고와도 같구나.

She just vanished into the unknown place.
그녀는 어디론가 사라져버렸다.

⊙–⊙ 어휘 Plus
just 단지
unknown 미지의, 알려지지 않은
place 장소

devastate [ˈdevəsteɪt]

□ □ □

어원 **de** [완전히] + **vast**(are) [비우다] + **ate** 「동접」

동사 파괴하다, 초토화하다, 절망시키다

JACK devastate[데버스테이트]는 '완전히'의 의미를 가진 접두어 de와 라틴어 vastare가 결합하여 만들어진 단어인데, vastare는 '비우다'라는 뜻을 가지고 있어. 이 단어는 vastus에서 유래했는데 이것의 의미도 '비어 있는(empty)'이기 때문에 의미상으론 vac과 비슷하지? 아무것도 존재하지 않도록 모든 것을 '완전히 비우다'라는 뜻이야. 그래서 그곳을 모두 없애버리고 완전히 잿더미로 만들어버린다는 말이지.

JUNE 완전히 비운다면서 잿더미는 왜 남겨?

They can devastate your everything.
그들이 너의 모든 것을 망칠 수 있어.

⊙┬⊙ **어휘 Plus**
everything 모든 것

REVIEW

접두어 prefix	어근 root	접미어 suffix
		ate
		ant
	vac(uus)〔비어 있는〕	ous
		tion
		y
e(x)〔밖〕		ate
a〔강조(out)〕	void〔비우다〕	
	van(us)〔비우다〕	ish
de〔완전히〕	vast(are)〔비우다〕	ate

단어
vocabulary

vacuum	몡 진공, 공백, 부재
vacate	동 비우다, 떠나다
vacant	형 텅 빈, 없는
vacuous	형 공허한, 텅 빈, 멍한, 멍청한, 얼빠진
vacation	몡 방학, 휴가
vacancy	몡 빈자리, 빈방, 결원
evacuate	동 비우다, 대피시키다, 소개하다
avoid	동 피하다, 회피하다, 방지하다
vanish	동 사라지다
devastate	동 파괴하다, 초토화하다, 절망시키다

QUIZ

1. We can not hear anything in a (   ).
   진공 속에선 아무 소리도 들을 수 없다.

2. We are supposed to (   ) this room tomorrow.
   우린 내일 방을 비워줘야 해.

3. There are a couple of (   ) seats in the back.
   뒤쪽에 빈자리 몇 개가 있어.

4. I can never forget her (   ) look.
   그녀의 공허한 시선을 잊을 수가 없다.

5. I am leaving on (   ) next week.
   나 다음 주에 휴가 떠날 거야

6. There is no (   ) on that day.
   그날엔 빈방이 없어.

7. They used the stairs to (   ).
   그들은 계단을 통해 대피하였다.

8. How come you (   ) me?
   어째서 나를 피하는 거지?

9. She just (   ) into the unknown place.
   그녀는 어디론가 사라져버렸다.

10. They can (   ) your everything.
    그들이 너의 모든 것을 망칠 수 있어.

LESSON 7

syn	함께
path	감정

sympathy [ˈsɪmpəθi]

☐ ☐ ☐

어원 **syn** [함께] + **path**(os) [감정] + **y** 「명접」

명사 동정, 공감, 위로, 애도, 연민

JUNE sympathy[심퍼씨]의 뜻이 '동정, 공감'이라는데, 우리말로는 이 두 단어의 어감이 서로 다르지 않아?

JACK 내 생각도 그래. 우리말 '동정'에는 일단 감정의 주체가 상대 방보다 우월한 위치에 있다는 뉘앙스가 있어서 자칫 오해를 살 수도 있으니까. 하지만 동정(同情)과 공감(共感)의 한자만 본다면 둘 다 '같은 감정'이라는 의미인데, sympathy의 어원 을 해석해보면 이 한자어와 같아. 그렇다 보니 동정과 공감 을 함께 풀어 적어둔 거라고 봐야지. 접두어 sym은 원래 syn 인데 b/m/p 앞에서는 발음의 편의상 n이 m으로 변해. syn 에는 '함께', 어근 path에는 '감정'의 뜻이 있어서 합하면 '함 께 느끼는 감정'이 되거든. 형용사는 sympathetic[심퍼쎄틱]으로 '동정 어린, 연민의'라는 뜻이야.

I have no sympathy for Class-A war criminals.
나는 A급 전범자들에 대한 동정심은 없다.

⊙⊷⊙ **어휘 Plus**
sympathetic 동정 어린, 연민의
class 등급
criminal 범죄자

pathetic [pəˈθetɪk]

어원 **path**(os) [감정] + **tic** 「형접」

형용 불쌍한, 한심한, 슬픈

JACK sympathetic에서 접두어 sym을 떼면 pathetic[퍼쎄틱]만 남게 되는데, 일상생활에서 상당히 많이 쓰이는 단어라 할 수 있어. '불쌍한, 한심한' 등의 뜻이야.

JUNE 영화나 미드 같은 데서 You're so pathetic!이라는 표현은 많이 들어봤어.

JACK 맞아, 자책할 때도 쓰고 상대방을 탓할 때도 많이 쓰는 표현이야. '한심한 녀석 같으니라고!' 같은 느낌이야. 자주 쓰는 표현이니까 거울을 보며 자주 연습해.

JUNE 거울을 왜 봐야 해?

How pathetic you are!
이런 한심한 녀석 같으니라고!

antipathy [ænˈtɪpəθi]

☐ ☐ ☐

어원 **anti** [반대의] + **path**(os) [감정] + **y** 「명접」

명사 반감, 혐오

JACK antipathy[앤티퍼씨]는 sympathy의 반의어라고 할 수 있어. anti 는 '반대', path는 '감정', 반대의 감정. 즉 '반감'이란 뜻이야.

JUNE 예전에 네가 먹던 감을 반으로 잘라서 나한테 건넬 때… 나, 반감 생기더라.

JACK 미안, 그땐 내가 어렸어.

JUNE 너 그때 서른 넘었어. 감도 서른 개 넘게 있었고….

I have an antipathy to his cheesy grin.
나는 그의 가식적인 미소가 너무 싫다.

⊙-⊙ **어휘 Plus**
cheesy 가식적인, 싸구려의
grin 미소, 웃음

symphony [ˈsɪmfəni]

⬜⬜⬜

어원 syn [함께] + phone [소리] + y 「명접」

명사 교향곡, 교향악단

JUNE 지금까지 배운 대로라면 symphony[심퍼니]는 함께(sym), 소리 (phone)를 낸다는 거겠네?

JACK 그렇지! 그래서 symphony가 우리말로는 '교향곡'이라고 하는데, 이 말 자체에 그 뜻이 고스란히 들어 있어. 서로 어울리며 소리를 낸다는 거지.

JUNE phone[포운]이 '소리'라는 건 telephone[텔리포운]에서 유추해냈어.

JACK 바로 그거야. tele는 '멀리 떨어져', phone은 '소리'. 즉 먼 곳의 소리를 듣는다는 의미지. 이제 슬슬 어원 학습의 효과가 나타나기 시작하는걸? 수강료 내놔.

JUNE '심포니' 하나 맞혔다고 돈 내놓으라니, 이건 무슨 '심뽀니'?

I like Beethoven's symphony number 5 most.
난 베토벤의 5번 교향곡이 제일 좋아.

homophone [ˈhɑːməfoʊn] □ □ □

어원 homo [같은] + phone [소리]

명사 동음이의어

JACK phone이 나온 김에 homophone[하머포운]까지 이야기해보자
면 homo는 '같은'이라는 뜻의 접두어야. 그래서 소리는 같은
데 뜻이 다른 '동음이의어'를 homophone이라고 하고, 동음
이의어를 이용한 언어유희를 pun[펀]이라고 하는데 우리나라
에서는 아재 개그로 홀대받고 있지. 안타깝지 않아?

JUNE 응. 안타깝지 않아.

'Mail' and 'male' are homophones.
Mail과 male은 동음이의어이다.

mail

male

배

flower

flour

배

배

영클Tip pun이 가진 긍정적인 연상 효과를 영단어 암기에 이용할 수 있지만, 전혀 다른 연상물
을 단순히 발음이 같다는 이유만으로 엮어서 외운다면 그 단어에 대한 이미지 자체가 왜곡될
수 있다. 연상 발음과 영단어의 이미지가 최대한 같을수록 좋은 pun이며 이런 방법은 단순 암
기에 지친 학습자들에게 신선한 즐거움과 놀라운 암기 효과를 가져다준다.

synchronize [ˈsɪŋkrənaɪz]

☐ ☐ ☐

어원 syn [함께] + khronos [시간] + ize「동접」

동사 동시에 발생하다(움직이다)

JACK 요즘 '싱크가 맞지 않는다'라는 말을 자주 쓰는데, 여기서 싱크(sync)라는 것은 synchronize[싱크러나이즈]를 줄인 말로 '동기화, 동시 녹음' 등 뭐든 동시에 하는 것을 의미해. chron 부분은 '시간'에 해당하는 어근이야. 영화의 화면이랑 배우의 목소리 사이에 시간 차가 있으면 안 되잖아? 그건 결국 시간의 흐름을 맞추는 것이기 때문에 synchronization[싱크러니제이션]이라고 하는 거지. 가수들의 립싱크(lip sync)도 배경음악의 진행 시간에 입 모양을 맞추는 것이고.

JUNE 우리가 즐겨 보는 synchronized swimming도 선수들 간의 동작이 서로 정확한 타이밍(chron)에 맞춰 함께(syn) 움직이기 때문에 그런 명칭을 붙인 거구나!

JACK 사실 그 명칭이 너무 기술적인 '동시성'만 강조하는 어감이어서 2017년에 정식 명칭이 아티스틱 스위밍(artistic swimming)으로 바뀌었는데 그래도 예전 명칭을 많이 사용하더라고.

Let's synchronize our watches.
우리 시계의 시간을 다 같이 맞추자.

⊙-⊙ 어휘 Plus
synchronization 화면과 음향의 일치, 동시 녹음
artistic 예술적인

symmetry [ˈsɪmətri]

□□□

어원 **syn** [함께] + **metr**(on) [측정] + **y** 「명접」

명사 균형, 대칭, 조화

JACK symmetry[시머트리]에서 sym은 '함께', metry는 '측정'이란 의미야. 나무들이 도로를 사이에 두고 양옆으로 쭈욱 줄지어 서 있다고 가정해보자고. '측정'해보니 양쪽의 나무들이 하나같이 정확한 대칭을 이루고 있어. symmetry는 이런 '대칭'을 나타내는 단어야.

JUNE symmetry는 나무가 대칭이 되게 심어져 있다는 거지? 대칭되게 '심어 나무!' 나무는 트리니까, '심어 트리!' symmetry!

JACK 빠져드는데?

The trees are in the perfect symmetry.
나무들이 완벽한 대칭을 이루고 있다.

⊙─⊙ **어휘 Plus**
perfect 완벽한

syndrome ['sɪndroʊm]

□ □ □

어원 **syn** [함께] + **drom**(os) [달리기]

명사 증상, 증후군

JACK drome은 '달리기(running)'의 의미인데, 여기에 접두어 syn(함께)이 더해진 syndrome[신드로움]은 '증후군, 증상' 정도로 해석돼. 어떤 상황과 증상이 나란히 '함께 달리고 있다'라는 의미로 어원을 풀어 이해해볼 수 있지. 그래서 '공통적으로 가지는 질환'이나 어떤 '집단 열풍'을 말할 때 이 단어를 사용해.

JUNE 아, 그러니까 'BTS 신드롬'이라고 할 때는 '집단 열풍'이란 뜻이고, 'SARS'처럼 병명에 있는 신드롬은 '공통적인 질환'을 말하는 것이구나!

JACK 우와! 네 머릿속에 영어의 '신 들어옴'?

People with Down's syndrome have rights to live happily.
다운증후군이 있는 사람들도 행복하게 살 권리가 있다.

⊙-⊙ **어휘 Plus**
right 권리, 오른, 옳은

synopsis [sɪˈnɑːpsɪs]

□ □ □

어원 syn [함께] + opsis [보기]
명사 줄거리, 요약본, 개요

JUNE synopsis[시납시스]는 어째서 요약된 줄거리라는 의미를 갖게 되었을까?

JACK 어근 opsis는 '시력, 시각'과 관련이 있는데, 안경점 간판에 optical store[옵티컬 스토어]라고 쓰여 있는 걸 본 적이 있을 거야. 이 op-도 보는 것과 관련된 어근이지. 어쨌든 opsis에 syn을 더하면 '함께 보기'라는 뜻이 돼. 이 말은 많은 양의 글을 넘기면서 보는 게 아니라 전체 내용을 한꺼번에 '함께 볼' 수 있도록 한다는 것인데, 많은 내용을 한 번에 보려면 내용을 간추려야겠지? 그래서 synopsis는 줄여놓은 '줄거리, 요약본, 개요'의 의미를 갖게 되었어.

Can you give us a brief synopsis?
간단히 줄거리 좀 소개해주실래요?

ⓞ-ⓞ **어휘 Plus**
optical 시각적인
brief 간단한

symposium [sɪmˈpouziəm]

□□□

어원 syn [함께] + posis [마시기]

명사 토론회, 심포지엄, 향연

JACK symposium[심포우지엄]은 토론회 같은 행사로 잘 알려져 있는데, 어원상 posium이 '마시기'의 뜻이기 때문에 '함께 마시기', 사실상 '향연'의 뜻을 가지고 있어. 고대 그리스에서 함께 향연을 즐기면서 토론도 하는 행사를 '심포지엄'이라고 명명한 것이 지금에 이르게 된 것이지.

JUNE 그럼 심포지엄에 참석한다고 말하고 술 마시고 집에 들어가도 거짓말은 아닌 거네?

JACK 천잰데?

I spoke at a symposium on freedom of the press.
나는 언론의 자유에 관한 심포지엄에서 연설을 했다.

⊙-⊙ **어휘 Plus**
freedom 자유
press 언론

REVIEW

접두어 prefix	어근 root	접미어 suffix
syn〔함께〕	path(os)〔감정〕	y
	phone〔소리〕	y
	khronos〔시간〕	ize
	metr(on)〔측정〕	y
	drom(os)〔달리기〕	
	opsis〔보기〕	
	posis〔마시기〕	
	path(os)〔감정〕	tic
anti〔반대의〕		y
homo〔같은〕	phone〔소리〕	

단어
vocabulary

sympathy	명 동정, 공감, 위로, 애도, 연민
symphony	명 교향곡, 교향악단
synchronize	동 동시에 발생하다(움직이다)
symmetry	명 균형, 대칭, 조화
syndrome	명 증상, 증후군
synopsis	명 줄거리, 요약본, 개요
symposium	명 토론회, 심포지엄, 향연
pathetic	형 불쌍한, 한심한, 슬픈
antipathy	명 반감, 혐오
homophone	명 동음이의어

QUIZ

1. I have no (   ) for Class-A war criminals.

나는 A급 전범자들에 대한 동정심은 없다.

2. How (   ) you are!

이런 한심한 녀석 같으니라고!

3. I have an (   ) to his cheesy grin.

나는 그의 가식적인 미소가 너무 싫다.

4. I like Beethoven's (   ) number 5 most.

난 베토벤의 5번 교향곡이 제일 좋아.

5. 'Mail' and 'male' are (   ).

Mail과 male은 동음이의어이다.

6. Let's (   ) our watches.

우리 시계의 시간을 다 같이 맞추자.

7. The trees are in the perfect (   ).

나무들이 완벽한 대칭을 이루고 있다.

8. People with Down's (   ) have rights to live happily.

다운증후군이 있는 사람들도 행복하게 살 권리가 있다.

9. Can you give us a brief (   )?

간단히 줄거리 좀 소개해주실래요?

10. I spoke at a (   ) on freedom of the press.

나는 언론의 자유에 관한 심포지엄에서 연설을 했다.

LESSON 8

vers · vert 돌다

universe [ˈjuːnɪvɜːrs]

어원 **uni** [하나] + **vert**(ere) [돌다]

명사 우주, 세계

JACK universe[유니버스]는 어원상 모든 것이 하나가 되어 전체를 이룬다는 의미야. 접두어 uni는 '하나'의 뜻이고, 어근은 라틴어 vertere에서 유래했는데 영어로 turn, 우리말로는 '돌다'의 뜻이지만 맥락에 따라 '변하다, 바꾸다, 돌다, 휘다' 등으로 다양하게 해석될 수 있어. 그래서 universe는 '하나로 변한 세상' 혹은 '하나로 돌다', 즉 하나의 원리로 함께 돌아가는 세상인 '우주'를 의미해.

JUNE 나도 한때 universe에 관심이 무척 많았는데.

JACK 그건 미스 유니버스(Miss Universe)였겠지.

No one knows how fast the universe is expanding.
우주가 얼마나 빠른 속도로 팽창하는지 아무도 모른다.

⊙–⊙ **어휘 Plus**
fast 빠른
expand 팽창하다

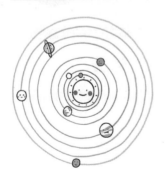

COSMOS [ˈkɑːzməs]

☐ ☐ ☐

어원 **kosmos** [그리스어: 질서, 정돈, 장식]

명사 우주

JUNE 우주를 cosmos[카즈머스]라고도 하지 않아?

JACK 맞아, cosmos는 '질서, 정돈, 장식'의 뜻을 가진 희랍어 kosmos에서 왔어. 헝클어져 있는 게 아니라 질서 있게 정돈 해서 장식해둔 것을 의미해. 그래서 장식용으로 많이 기르는 꽃나무를 코스모스라고 하고, 화장품을 cosmetic[카즈메틱]이라 고 하지. 하여간 universe와 cosmos는 질서라는 측면에서 의미를 같이한다고 보면 돼.

There exists balance in the cosmos.
우주에는 균형이라는 것이 존재한다.

⊙-⊙ **어휘 Plus**
cosmetic 화장품
balance 균형

영희Tip vers는 vert의 다른 형태이다. vert는 인도유럽조어 wer-에서 온 것인데 현대 발음표 기상 ver-라고 표시한다. vert와 vers를 합쳐서 표기하기 위해 ver-로 쓰기도 한다.

divert [daɪˈvɜːrt]

☐ ☐ ☐

어원 **di** [옆으로] + **vert**(ere) [돌다]

동사 딴 데로 돌리다, 우회하다, 전용하다

JUNE diverse[다이버스]는 '다양한'이라는 뜻인데, 비슷하게 생긴 divert[다이버트]는 왜 전혀 다른 뜻이지?

JACK 같은 어원에서 파생된 단어이긴 해. 접두어 di는 '한쪽으로', ver-는 '돌다'의 뜻이야. 그래서 divert는 '한쪽으로 돌다'라는 이미지에서 '옆으로 돌아가다, 우회하다' 등의 의미로 자연스럽게 확장해볼 수 있을 거야. 한편 diverse는 그렇게 우회하는 여러 가지 길을 의미하다 보니 결국 '다양한'의 의미로 쓰이게 되었고. diverse의 명사형은 diversity[다이버서티], 즉 '다양성'인데 현대사회에서 갈수록 중시되는 말이야. 글로벌 시대에 이 diversity는 인종, 문화, 종교 등 모든 면에 걸쳐 폭넓게 허용되어야 한다고 생각해. 다양성을 허용하지 않으면 반목과 불화가 생길 수밖에 없잖아.

JUNE 출마하세요?

Farmers found a way to divert water.
농부들은 물을 우회해서 대는 방법을 찾았다.

⊙–⊙ **어휘 Plus**
diverse 다양한
diversity 다양성
way 방법

114

reverse [rɪˈvɜːrs]

☐ ☐ ☐

어원 re [뒤로] + vert(ere) [돌다]

동사 뒤바꾸다, 되돌리다 **형용** 반대의

JACK vert는 중요 어근인데 주로 '돌리다'의 의미가 있어서 복합어라도 의미를 유추하기 수월해. reverse[리버스]를 볼까? 접두어 re는 '뒤로'니까 거꾸로 '돌린다.' 즉, '뒤집다'의 뜻이야. 뒤로 돌린다는 의미지. 그래서 자동차를 후진할 때도 사용해.

JUNE 차를 뒤로 돌린다는 건 왔던 길로 되돌아간다는 뜻이잖아.

JACK 그렇긴 한데 오른쪽으로 돌던 것이 왼쪽으로 돌면 방향이 반대잖아. 앞으로 가는 차가 뒤로 가는 것도 방향이 반대이기 때문에 그 개념으로 사용된 거지. 그래서 방향이나 순서가 '반대'인 상황에도 많이 사용해. in reverse라고 하면 단순히 '반대로, 거꾸로'라는 뜻이야. 말이란 늘 확장성이 존재하니까. 넌 '밥 먹어' 그러면 밥만 먹냐?

나 후진 어때?

후진데?

He slowly reversed the van into the parking place.
그는 주차 공간 쪽으로 천천히 밴을 후진하였다.

⊙−⊙ 어휘 Plus
in reverse 반대로, 거꾸로
slowly 천천히
parking place 주차 공간

convert [kən'vɜːrt] □□□

어원 con [함께] + vert(ere) [돌다]

동사 전환하다, 개조하다

JACK convert[컨버트]라는 단어에서 접두어 con은 '함께'의 뜻이야. 어근 vert는 turn에 해당하니까 여기에선 '돌다, 돌리다'보다는 '바꾸다'로 해석하는 게 더 자연스럽겠지? 따라서 convert에는 두 개를 서로 바꿀 수 있다는 의미가 들어 있어. 우리말로 '전환'이라는 단어가 들어가는 것들은 주로 이 convert를 사용하면 돼. 여기서 파생된 단어 중에 convertible[컨버터블]이 있는데, 지붕이 열리는 자동차를 convertible이라고 하잖아? 결국 convertible은 지붕이 있는 걸로도, 없는 걸로도 바꿀 수 있는 자동차라는 뜻이 되는 거야.

JUNE 아하! 그래서 전환사채 같은 용어를 convertible bond라고 하는구나. 처음엔 사채로 발행되지만, 나중에 상황에 따라 주식으로 전환(vert) 가능하니까.

Do you know how to convert this file into mp3?
이 파일을 mp3로 변환하는 방법 알아?

⊙━⊙ **어휘 Plus**
convertible 전환 가능한, 무개차
bond 채권

introvert [ˈɪntrəvɜːrt]

□ □ □

어원 **intro** [안쪽으로] + **vert**(ere) [돌다]

명사 내성적인 사람

JACK '내성적인 사람'을 introvert[인트러버트]라고 해. 어원상으로는 방향이 안쪽으로(intro) 돌아가(turn) 있음을 의미하지. 어근 vert의 '돌다'라는 의미를 '휘다'로 보면 돼. 도는 것은 휘어짐 이기도 하니까. 그래서 introvert는 어떤 생각이 안쪽으로 휘어 들어가는 사람이기 때문에 내향적인, 내성적인 사람을 의미해.

JUNE 그럼 intro의 반대는 extro니까 외향적인 사람은 extrovert [엑스트러버트]라고 하겠네?

JACK 당장 토익시험 봐도 되겠다. 100점은 떼놓은 당상이야. 대단한걸?

JUNE 아냐, 너야말로 진정한 100점짜리 친구지. 당구 100, 볼링 100, 골프 100, 아이큐 100….

I used to be an introvert.
나는 예전에 내성직인 사람이었어.

⊙–⊙ **어휘 Plus**
extrovert 외향적인
used to be (과거에) ~였다

invert [ɪnˈvɜːrt]

☐ ☐ ☐

어원 in [안] + **vert**(ere) [돌다]

동사 뒤집다, 도치하다

JUNE 그럼 introvert와 비슷하게 생긴 invert[인버트]는 뭐야?

JACK 좀 헷갈릴 수 있는데 in이 '안'에 있는 '정적인 상태'를 묘사하는 데 적합한 접두어라면, intro는 안쪽으로 향하는 방향을 제시함으로써 '운동성'이 좀 더 느껴진다고 할 수 있어. 물론 in도 운동성을 나타낼 때가 있으니 일단 기본적인 개념만 이해하고 있으면 돼. 하여간 invert는 안(in)에 있는 것을 밖으로 나오도록 '돌려놓다'라는 뜻이야. 방향을 뒤집는다는 소리지. 아래위를 뒤집거나 순서를 바꾸는 것도 마찬가지야.

JUNE 그럼 exvert도 있어?

JACK 있어. 하지만 발음의 편의상 x가 탈락돼서 evert[이버트]라고 해. 그런데 evert는 e(x) 부분이 '밖으로 뒤집다'라는 뜻이기 때문에 invert와 물리적으로 같은 행위라고 볼 수 있어. 그러다 보니 뒤집는 것에는 주로 invert를 쓰는 것 같아. evert는 눈꺼풀 같은 거 뒤집을 때 가끔 쓰더군. 보여줘?

A camera inverts the image it receives.
카메라는 받아들이는 이미지를 뒤집는다.

⊙–⊙ 어휘 Plus
evert (눈꺼풀 등을) 뒤집다
receive 받다

pervert [pərˈvɜːrt]

☐☐☐

어원 **per** [완전히] + **vert**(ere) [돌다]

동사 왜곡하다, 빗나가다 **명사** 성도착자, 변태

JACK pervert[퍼버트]의 접두어 per는 perfect[퍼펙트]에서 보듯 '완전히'의 뜻이야. vert(돌다)와 합해보면 '완전히 돌다', 즉 제대로 가지 않고 엉뚱한 길로 돌아간다는 의미에서 '왜곡하다, 빗나가다'로 해석할 수 있어. 또 다른 측면에서는 완전히 돈 '변태'와도 맥락이 통하지. 그러다 보니 욕으로도 많이 사용하는 단어야. 그러니까 오해하지 않도록 발음에도 각별히 신경을 써야 돼. 명사로 쓸 때는 강세를 앞에 두고, 동사로 쓸 때는 강세를 뒤에 둬서 발음하는 거 잊지 마!

JUNE 어디서 들어본 것 같아. '명전동후'라고 하지? 명사일 땐 앞! 동사일 땐 뒤!

She accused him of being a pervert.
그녀는 그를 변태라고 비난했다.

⊙─⊙ **어휘 Plus**
accuse 고소하다, 비난하다

vertigo [ˈvɜːrtɪɡoʊ] □ □ □

어원 vert(ere) [돌다]
명사 현기증

JUNE 갑자기 너무 많은 단어를 공부했나 봐. 머리가 어지러워.

JACK 평소에 전혀 사용하지 않던 부위를 써서 그런 거니까 좀 쉬었다 해. '어지러움, 현기증'을 vertigo[버티고우]라고 하는데 vert가 '돌다'의 뜻이라서 빙빙 도는 거야. 쉽게 이해되지?

JUNE 어지러움을 '버티고' 계속해볼게.

> **The patient complained of vertigo.**
> 환자는 현기증을 호소했다.

⊙-⊙ 어휘 Plus
patient 환자
complain 불평하다, (아프다고) 호소하다

adverse [ˈædvɜːrs]

어원 **ad** [to] + **vert**(ere) [돌다]
형용 부정적인, 반대의, 불리한

JUNE 이제 vers나 vert가 돌리는 느낌의 단어라는 것을 확실히 알 겠네.

JACK 돌린다는 것은 방향을 바꾼다는 의미도 내포할 수 있어서 반 대나 부정의 의미도 있을 수 있어. adverse[애드버스]가 좋은 예 지. 접두어 ad는 단순히 to의 의미야. 신경 쓰지 않아도 돼. 어근 verse가 의미를 다 담고 있는데, adverse에는 '부정적 인, 반대의'라는 의미가 있어. 뒤에 오는 단어에 따라 '불리한' 의 의미도 되는데 하여간 안 좋은 뜻의 단어라고 볼 수 있지.

These policies have adverse effects on some people.
이번 정책은 일부 사람들에게 부정적인 영향을 줄 것이다.

⊙─⊙ **어휘 Plus**
policy 정책
effect 영향

REVIEW

접두어 prefix	어근 root	접미어 suffix
uni〔하나〕		
di〔옆으로〕		
re〔뒤로〕		
con〔함께〕	**vert**(ere) 〔돌다〕	
intro〔안쪽으로〕		
in〔안〕		
per 〔완전히〕		
ad〔to〕		
kosmos〔그리스어: 질서, 정돈, 장식〕		

단어
vocabulary

universe	명 우주, 세계
divert	통 딴 데로 돌리다, 우회하다, 전용하다
reverse	통 뒤바꾸다, 되돌리다 형 반대의
convert	통 전환하다, 개조하다
introvert	명 내성적인 사람
invert	통 뒤집다, 도치하다
pervert	통 왜곡하다, 빗나가다 명 성도착자, 변태
vertigo	명 현기증
adverse	형 부정적인, 반대의, 불리한
cosmos	명 우주

QUIZ

1. No one knows how fast the (　　　　) is expanding.

우주가 얼마나 빠른 속도로 팽창하는지 아무도 모른다.

2. There exists balance in the (　　　　).

우주에는 균형이라는 것이 존재한다.

3. Farmers found a way to (　　　　) water.

농부들은 물을 우회해서 대는 방법을 찾았다.

4. He slowly (　　　　) the van into the parking place.

그는 주차 공간 쪽으로 천천히 밴을 후진하였다.

5. Do you know how to (　　　　) this file into mp3?

이 파일을 mp3로 변환하는 방법 알아?

6. I used to be an (　　　　).

나는 예전에 내성적인 사람이었어.

7. A camera (　　　　) the image it receives.

카메라는 받아들이는 이미지를 뒤집는다.

8. She accused him of being a (　　　　).

그녀는 그를 변태라고 비난했다.

9. The patient complained of (　　　　).

환자는 현기증을 호소했다.

10. These policies have (　　　　) effects on some people.

이번 정책은 일부 사람들에게 부정적인 영향을 줄 것이다.

LESSON

9

side	옆
sed	앉다

sideburns [ˈsaɪdbɜːrnz]

□ □ □

어원 side [옆] + burn [타다]

명사 구레나룻

JACK 구레나룻을 영어로 sideburns[사이드번즈]라고 하는데 재밌게도 이 단어는 미국 남북전쟁 때 활약했던 '앰브로즈 번사이드(Ambrose Burnside)'라는 장군의 이름에서 유래했다고 해. 그 사람의 구레나룻이 굉장히 인상적이었거든.

JUNE sideburns는 '옆(side)'이 '타다(burn)'의 뜻이니까 한 번만 들어도 잊을 수가 없겠네.

JACK 거기에 구레나룻이 양쪽에 있으니 복수형 s를 붙여서 sideburns라고 한다는 것까지 기억하면 완벽하겠지!

I used to grow long sideburns.
예전엔 내가 구레나룻을 길렀었지.

ⓞ–ⓞ 어휘 Plus ◀ grow 기르다
mustache 코밑수염
beard 턱수염

▶ weight 무게, 체중
loss 손실
possible 가능한

126

side-effect [ˈsaɪd-ɪˈfekt] □□□

어원 side [옆] + effect [효과]

명사 부작용

JUNE 가끔 pun으로 단어를 익히니까 재미있긴 한데 부작용이 있겠지?

JACK 그럼! 말장난으로만 외우면 그 의미가 왜곡돼서 자칫 제대로 된 단어를 구사하지 못할 수도 있어. 부작용에 대해 말하다 보니, side-effect[사이드이펙트]가 떠오르는군. 옆(side)에서 나란히 일어나는 의도하지 않은 작용이나 효과(effect), 말 그대로 '부작용'이라는 뜻이야.

JUNE 어떤 두통약이 뜻밖에 심장병에 좋다든가, 탈모방지약이 엉뚱한 곳에서 효과를 발휘하는 것도 부작용의 사례라고 하던데 그렇다면 부작용은 좋은 의미로도 쓰이는 것 아니야?

JACK 드물긴 하지만 그런 긍정적인 결과들 역시 부작용에 속하는 건 사실이야. 부작용의 '부' 자는 부정적이라는 의미의 '부(否)'가 아니라 부수적인 것을 의미하는 '부(副)'이거든. 그렇지만 결과야 어떻든 side-effect는 기대하거나 의도하지 않은 효과라는 측면에서 긍정적으로 보기 어렵지.

Weight loss is a possible side-effect.
부작용으로 체중이 줄 수 있다.

sidekick [ˈsaɪdkɪk]

□ □ □

어원 **side** [옆] + **kick** [차다]
명사 조수, 들러리, 친구, 한패

JACK sidekick[사이드킥]은 '조수, 들러리, 친구, 한패'라는 뜻이야. 이 의미는 바지 앞(옆)주머니를 sidekick이라고 부른 데서 유래 했는데, 소매치기를 당하지 않으려면 그곳이 가장 믿을 수 있 었기 때문이지. 이렇게 안심이 되는 양옆 호주머니처럼 뭔가 믿을 수 있는 사람을 sidekick이라고 부르는 거야.

JUNE 셜록의 sidekick은 왓슨, 배트맨의 경우는 로빈. 이런 관계로 보면 되겠네. 친구란 뜻도 있다면 우리 사이도 sidekick이라 고 부를 수 있어?

JACK 이 부분은 좀 조심할 필요가 있어. 영어권에서는 '친구'의 대 상 범위가 넓다 보니 조수라도 믿을 만하면 친구로 여기고, 부모도 편할수록 친구라는 범주에 포함시키지. 하지만 우리 는 주로 동기간을 친구로 여기니까, 우리 정서로는 영 어울 리지 않지. 즉 sidekick은 친구가 될 수 있지만, 친구가 곧 sidekick은 아니란 말씀.

I don't want to be a sidekick.
난 들러리나 되고 싶진 않아.

sidelong [ˈsaɪdlɔːŋ]

☐ ☐ ☐

어원 side [옆] + long [긴]

형용 곁눈질의, 비스듬한   **부사** 옆으로

JACK sidelong[사이드롱]은 '옆쪽으로'라는 의미의 중세영어 sidlyng
의 변형이라고도 보는데, 그냥 long을 '긴'으로 해석할 줄만
알아도 단어의 뜻을 대충 짐작할 수 있을 거야. 옆으로 긴 것
이라 곁눈질하는 모양새가 되겠지? 그리고 '비스듬한, 모로,
옆으로'의 뜻도 있으니 알아두고. 참고로 side-eye[사이드아이]는
글자 그대로 '곁눈질하다'의 의미야. side가 들어간 다른 단
어들도 직관적으로 알 수 있을 거야. 옆에 놓인 반찬은 side
dish[사이드 디쉬], '인도'는 sidewalk[사이드워크] 혹은 sideway[사이드
웨이]라고도 해. 사람은 인도로 가야 해. 왜냐하면….

JUNE 타지마할 나오면 가만 안 둘 거야.

She cast a sidelong glance at me.
그녀는 나를 곁눈질로 쳐다보았다.

⊙–⊙ **어휘 Plus**
side-eye 곁눈질하디
side dish 주 요리 외의 음식, 반찬
sidewalk 인도
sideway 인도
cast 던지다
glance 흘깃 봄

sidestep ['saɪdstep]

어원 side [옆] + step [걸음]

동사 회피하다

JACK 옆으로 한 발짝 비켜서서 피하는 것을 sidestep[사이드스텝]이라고 해.

JUNE 게걸음인 줄.

JACK '게걸음'은 side-crawl이라고 하고 게걸음으로 걷는 모양은 walk sideways라고 표현해. He's walking sideways like a crab. '그는 게처럼 옆으로 걷는다'라는 말이야.

JUNE 좀 전에 sideway는 '인도'라고 하지 않았어?

JACK 물론이지. 그런데 거기에 s를 붙이면 부사로 '옆길로, 옆으로'라는 의미가 돼.

We need to sidestep fake news.
우리는 가짜 뉴스를 피해야 한다.

⊙–⊙ 어휘 Plus
side-crawl 게걸음
crab 게
sideways 옆으로

beside [bɪˈsaɪd]

□ □ □

어원 be [존재] + side [옆]

전치사 옆에, ~에서 벗어나 있는

JUNE '옆'을 뜻하는 side가 들어 있는 단어에 beside[비사이드]도 포함
될까?

JACK 물론이야. beside는 옆(side)에 존재한다(be)는 의미가 있어서
'옆에'라는 전치사로 잘 알려져 있지. 하지만 옆에 있다 보니
'~에서 벗어나 있는'의 의미로도 사용되는 건 잘 모르는 사
람이 많아. 그리고 여기에 s를 붙인 besides는 명사에나 붙이
는 복수형 -s까지 갖추고 있다 보니 글자만 봐도 '옆에 존재
하는 것들'이라는 의미를 직관적으로 유추해볼 수 있어. 이렇
게 besides는 '원래 존재하는 것 외의 것들'을 지칭하다 보니
'게다가'의 의미를 가진 부사로 쓰인다는 걸 함께 알아두면
좋겠어.

This is beside the point.
이것은 요점에서 벗어나 있다.

⊙─⊙ 어휘 Plus
besides 게다가
point 요점

reside [rɪˈzaɪd]

☐☐☐

어원 re [다시] + sed(ere) [앉다]

동사 거주하다, 살다

JUNE reside[리자이드]의 side는 옆이 아닌가 봐? 뜻이 '살다, 거주하다'라니?

JACK 좋은 질문인데? side가 보이긴 하지만 사실 어원을 찾아보면 sit의 뜻을 가진 단어야. 그래서 발음에도 차이가 있는데 '사이드'가 아니라 '자이드', 즉 '리자이드'라고 읽어야 돼. 한 번 앉고 마는 게 아니라 앉았다가 다시(re) 앉는다면 살다시피 하는 것 아니겠어? 그래서 reside는 '살다, 거주하다'의 뜻이 된다고 봐야지.

JUNE 그래서 레지던스(residence) 호텔이 단기 거주자용 시설로 꾸며져 있구나!

JACK 맞아. resident[레지던트]는 '거주자, 주민'을 의미해.

My mother resides in a small town.
어머니는 작은 마을에 살고 계셔.

⊙–⊙ 어휘 Plus
residence 주택, 거주
resident 거주자, 주민

president [ˈprezɪdənt]

☐ ☐ ☐

어원 **pre** [앞에] + **sed** (ere) [앉다] + **ent** 「명접」

명사 대통령, 사장, 대표

JACK 단체 사진을 찍을 때 가장 앞줄에 앉는 사람은 누굴까?

JUNE 뭐, 그 단체 사진에서 가장 중요하거나 높은 사람들 아니겠어?

JACK 보통 그렇지. 그래서 대통령이나 사장, 회장, 총장 등 가장 높은 사람이 앞에(pre) 앉는다(sit)는 뜻에서 president[프레지던트]라는 단어가 만들어진 거야.

JUNE 그 사람들은 영화관엘 가도 맨 앞자리에 앉겠네?

His aim is to become president.
그의 목표는 대통령이 되는 것이다.

⊙-⊙ **어휘 Plus**
aim 목표
become ~이 되다

sedentary ['sednteri] □□□

어원 sed(ere) [앉다] + ent + ary 「형접」

형용 앉아서 하는

JUNE 세단(sedan)은 어떤 종류의 자동차를 말하는 거야? 가격이 '세단' 말인가?

JACK 옛날에 앉아서 타고 가는 가마를 sedan chair[시덴 체어]라고 했는데, 미국에서 현재의 모습을 갖춘 문 네 개짜리 일반 승용차를 간단히 줄여서 sedan이라고 부르기 시작했어. sedan의 sed 부분이 '앉다'라는 sit의 의미를 가지고 있어. 비슷하게 생겨서 쉽게 이해될 거야. sedentary[세든테리]는 sedan과 관련 있는 단어인데 '앉아서 하는'의 의미를 가진 형용사야.

My job is almost sedentary.
내 직업은 거의 앉아서 하는 일이야.

⊙⊶⊙ 어휘 Plus
sedan 세단형 자동차
chair 의자

언젠가는 세단 타리…

Sedentary job

134

assiduous [əˈsɪdʒuəs]

□ □ □

어원 as [to] + sed(ere) [앉다] + ous「형접」

형용 부지런한, 끈기 있는, 성실한

JUNE 오늘은 정말 공부를 너무 많이 했다. 그만하자.

JACK 그래, 오래 앉아서 열심히 했네. 사실 공부는 머리로 하는 게 아니라 엉덩이로 한다는 말이 있지? 얼마나 오래 앉아 있느냐가 중요하다는 거지. 이때 적절한 단어가 하나 떠오르는군. assiduous[어씨쥬어스]인데 '부지런하고 성실한' 자세를 표현하는 형용사야. 사실 이 단어는 앉아 있다는 뜻의 sit에서 유래한 것이지. 접두어 as는 단순히 동사 앞에 붙이는 to의 개념이고, 어근 sid가 sit의 의미야. 자리를 뜨지 않고 자기 자리에 앉아 계속해서 일하는 사람이 부지런하고 성실하다고 할 수있겠지? 그래서 assiduous는 '부지런한, 끈기 있는, 성실한' 등의 좋은 뜻을 가진 단어가 되었어. 중학교 때 배운 diligent [딜리전트](부지런한)와 비슷한 의미의 단어라고 생각하면 돼.

She is assiduous in her studies.
그녀는 공부하는 데 아주 열심이다.

⊙-⊙ **어휘 Plus**
diligent 부지런한

REVIEW

접두어 prefix	어근 root	접미어 suffix
side〔옆〕	burn〔타다〕	
	effect〔효과〕	
	kick〔차다〕	
	long〔긴〕	
	step〔걸음〕	
be〔존재〕	side〔옆〕	
re〔다시〕	sed(ere)〔앉다〕	
pre〔앞에〕		ent
		ent + ary
as〔to〕		ous

sideburns	몡 구레나룻
side-effect	몡 부작용
sidekick	몡 조수, 들러리, 친구, 한패
sidelong	혱 곁눈질의, 비스듬한 倶 옆으로
sidestep	통 회피하다
beside	젠 옆에, ~에서 벗어나 있는
reside	통 거주하다, 살다
president	몡 대통령, 사장, 대표
sedentary	혱 앉아서 하는
assiduous	혱 부지런한, 끈기 있는, 성실한

QUIZ

1. I used to grow long (　　　).
   예전엔 내가 구레나룻을 길렀었지.

2. Weight loss is a possible (　　　).
   부작용으로 체중이 줄 수 있다.

3. I don't want to be a (　　　).
   난 들러리나 되고 싶진 않아.

4. She cast a (　　　) glance at me.
   그녀는 나를 곁눈질로 쳐다보았다.

5. We need to (　　　) fake news.
   우리는 가짜 뉴스를 피해야 한다.

6. This is (　　　) the point.
   이것은 요점에서 벗어나 있다.

7. My mother (　　　) in a small town.
   어머니는 작은 마을에 살고 계셔.

8. His aim is to become (　　　).
   그의 목표는 대통령이 되는 것이다.

9. My job is almost (　　　).
   내 직업은 거의 앉아서 하는 일이야.

10. She is (　　　) in her studies.
    그녀는 공부하는 데 아주 열심이다.

LESSON 10

phobia	공포증
acro	끝, 꼭대기

acrophobia [ˌækrəˈfoʊbiə] □ □ □

어원 **acro** [끝, 꼭대기] + **phob**(os) [공포] + **ia** 「명접」

명사 고소공포증

JUNE 굳이 미국에 살지 않아도 영어를 잘할 수 있는 방법은 없을까?

JACK 있어. 영국에 사는 거야. 흐흐. 10대 초반 전후라면 환경적인 요소가 가장 중요하기 때문에 영어권에서 생활할 경우 원어민처럼 사고하는 것도 가능하겠지. 하지만 무난한 의사소통 수준을 목표로 한다면, 모국어가 완성된 이후나 우리 같은 성인이라고 해도 하루 6시간 이상 1년 정도 꾸준히 공부할 의지만 있다면 꼭 영어권에서 살지 않더라도 충분히 도달할 수 있어.

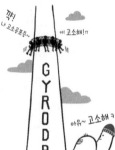

JUNE 위로가 되네. 그렇지 않아도 난 비행기 타는 거 싫어해. 고소공포증이 좀 있어.

JACK 고소공포증을 acrophobia[애크러포우비어] 라고 해. acro는 '맨 끝, 꼭대기'를, 그리고 phobia는 '공포증'을 의미하지.

VR therapy can reduce acrophobia symptoms.
VR 요법이 고소공포증을 완화할 수 있다.

⊙–⊙ **어휘 Plus**
therapy 치료법
reduce 줄이다, 경감하다
symptom 증상

agoraphobia [ægərəˈfoʊbiə] □□□

어원 **agora** [광장] + **phob**(os) [공포] + **ia** 「명접」

명사 광장공포증

JUNE phobia 앞에 아무거나 갖다 붙이면 다 공포증이 되는 거야?

JACK 맞아. 그래서 phobia가 붙은 신조어가 계속해서 만들어지고 있어. 가장 많이 알려진 phobia 중 하나로 agoraphobia[애거러포우비어], 즉 '광장공포증'이 있어. 고대 그리스 도시국가에 자리하고 있던 커다란 광장을 agora(아고라)라고 불렀는데, 많은 사람이 그곳에 모여서 토론을 하곤 한 데서 유래되어 사람들이 많이 모이는 장소 또는 그러한 모임 자체를 agora라고 해. 그런데 agoraphobia는 광장같이 넓은 공간 자체에 대한 공포심이라기보다는 그곳을 빠져나가지 못할 것 같다는 생각에 숨이 막히고 공포에 빠지는 증상을 이야기하지.

Agoraphobia is an anxiety disorder with fear of being stuck.
광장공포증이란 빠져나가지 못할 것 같은 두려움에 사로잡힌 불안장애이다.

⊙-⊙ **어휘 Plus**
anxiety 불안, 걱정
disorder 장애
fear 공포, 두려움
stuck 갇힌

claustrophobia [klɔːstrəˈfoʊbiə] □ □ □

어원 claustr(um) [빗장, 잠금] + phob(os) [공포] + ia 「명접」

명사 밀실공포증, 폐소공포증

JACK 그래서 탈출 불가에 대한 불안감 때문에 비행기나 MRI 촬영 기계를 두려워하는 것도 일종의 광장공포증으로, 폐소공포증 이라고 해. 라틴어로 '잠금'의 의미가 있는 claustrum를 이용해서 claustrophobia[클로스트러포우비어]라고 하지. claus 부분이 close(닫다)와 비슷하지?

JUNE 옛날에 숨바꼭질하다 벽장(closet)에 숨어서 문을 닫을(close) 때 왠지 무서운 기분이 들었는데 그렇게 닫힌 곳을 두려워하는 공포증(phobia)이 바로 폐소공포증이로군. 심지어 나중에 갑자기 문이 안 열리는 바람에 어찌나 식겁했는지.

JACK 미안!

> **I sometimes get claustrophobia in elevators.**
> 나는 엘리베이터 안에서 가끔 폐소공포증을 겪곤 한다.

⊙─⊙ **어휘 Plus**
close 닫힌
closet 벽장
sometimes 가끔

hydrophobia [ˌhaɪdrəˈfoʊbiə]

어원 **hydro** [물] + **phob**(os) [공포] + **ia** 「명접」

명사 공수병, 광견병

JACK hydrophobia[하이드러포우비어]는 '공수병'인데 여기서 hydro는 '물'을 뜻해. 감염된 동물한테 물리면 물을 무서워하는 증상이 나타나서 붙인 이름이야. 보통 미친개한테 물려서 발생하는 경우가 많아서 광견병이라고도 하고.

JUNE 뭐든 갖다 붙이기만 하면 공포증이 되는구나. 이러다 공포를 무서워하는 공포증도 있겠어.

JACK 있어. phobophobia[포보포우비어]라고 해. 공포스러운 것을 두려워하는 '공포공포증'이지.

He had symptoms of hydrophobia.
그는 공수병 증상을 보였다.

⊙-⊙ 어휘 Plus
phobophobia 공포공포증

nervous ['nɜːrvəs]

□ □ □

어원 nerv [신경] + ous 「형접」

형용 불안한, 초조한, 긴장되는

JUNE 아무튼 난 광장공포증이 넓은 곳을 두려워하는 것인 줄로 만 알았어. 골프선수들이 우승 인터뷰할 때 경기 초반엔 nervous[너얼버스]했다는 말을 많이 하잖아? 그래서 골프장이 '넓어서' nervous한 걸로 알았지.

JACK 정말이지 '널 벗어'나고 싶다. 아무튼 nervous는 불안하고 긴장한 상태를 의미하는데 nerve[너얼브](신경)의 형용사야. 원 래 힘줄과 관련된 단어인데 온몸의 힘줄, 신경섬유가 수축해 서 뻣뻣해지는 느낌을 긴장된 것으로 표현한 것이지.

I felt really nervous at the very beginning of the game.
경기 초반에는 정말 긴장했어요.

⊙-⊙ **어휘 Plus**
feel 느끼다
really 진짜
beginning 초반, 시작

144

panic [ˈpænɪk]

□□□

어원 pan [그리스신화 목축의 신] + ic

명사 공황, 공포, 당황　**동사** 두려워하다　**형용** 불안한, 초조한

JACK　이왕 공포증 이야기가 나왔으니 이 단어는 빠뜨릴 수 없지. '공황, 공포'의 뜻을 가진 panic[패닉]. 여기서 pan은 그리스신화에 나오는 목축의 신 Pan에서 유래한 것인데, 머리통에 뿔이 달려서 반쯤 염소의 모습을 하고 있어. 이 Pan에게는 사람이나 가축들이 갑작스러운 공포에 빠지도록 만드는 능력이 있는데, 그런 상태를 panic에 빠진다고 하게 된 거야.

JUNE　공황장애 같은 거구나?

JACK　그래, 공황장애를 바로 panic disorder라고 하지.

Don't panic! Take it easy.
두려워할 것 없어! 진정해.

⊙–⊙ 어휘 Plus
panic disorder 공황장애
Take it easy 진정해, 혹은 (인사말) 잘 가!

145

acrobatic [ˌækrəˈbætɪk]

☐☐☐

어원 acro [끝, 꼭대기] + bat(es) [걷는 자] + ic 「형접」

형용 곡예의

JUNE 그렇다면 아까 acrophobia[애크러포우비어]에서 acro는 '끝, 꼭대기'라고 했는데 acrobatic[애크러배틱]의 정확한 의미는 뭐야? 꼭대기랑 상관없이 이상한 자세로 물구나무만 서도 아크로바틱하다고 하잖아?

JACK 그것도 물론 '맨 끝, 높다'라는 의미의 acro가 맞아. 높은 곳에서 줄 타는 사람을 acrobat[애크러배트]라고 하는데 아무나 할 수 있는 게 아니잖아? 그런 사람을 '곡예사'라고 하지. 그래서 곡예에서나 볼 수 있는 고난도의 동작들까지 아우르는 의미로 확대된 거야.

Tom Holland is second to none in his acrobatic stunts.
탐 홀랜드는 곡예와 같은 스턴트 연기에 있어 둘째가라면 서러워할 배우이다.

⊙–⊙ **어휘 Plus**
acrobat 줄 타는 사람
be second to none 아무에게도 뒤지지 않는다
stunt 묘기, 곡예

acromegaly [ˌækrəˈmɛgəli]

어원 **acro** [끝, 꼭대기] + **meg**(a) [거대한] + **ly**

명사 말단비대증

JUNE acro에는 '맨 끝'이라는 의미도 있다면서? 어떤 단어가 있어?

JACK acromegaly[애크러메걸리]라는 단어가 있어. 말단비대증이라는 뜻인데, 여기서 acro는 끝, 즉 '말단'이란 뜻이야. mega에는 '거대한'의 의미가 있는데, MegaMart(메가마트), MegaBox(메가박스) 등등 많이 들어본 이름이지? 여기서도 mega는 크다는 의미잖아? 그러니까 코끝, 눈썹 뼈, 턱, 손가락, 발가락 같은 신체 부위의 말단(acro)이 거대해지는(meg) 증상을 acromegaly이라고 해.

JUNE 키가 큰 운동선수 중에 그 병으로 고생하는 사람들이 있다는 안타까운 기사를 가끔 봤는데, 다행히 적절한 시기에 치료를 잘 받으면 증상을 완화할 수 있다고 하더라고.

Acromegaly can be fatal if left untreated.
말단비대증을 방치하면 위험해질 수 있다.

⊙–⊙ **어휘 Plus**
fatal 치명적인
leave 놓아두다
untreated 치료를 하지 않은

acronym [ˈækrənɪm] □ □ □

어원 acro [끝, 꼭대기, 머리] + onym [이름]

명사 두문자어

JACK acro에 '끝, 꼭대기, 머리'의 뜻이 있다 보니 머리글자를 따서 만든 단어를 acronym[애크러님], 즉 '두(頭)문자어'라고 해. 그리고 첫 글자만을 써서 줄여 표현하는 이니셜(initial)과는 구별해야 해. initial은 내 이름 Joo Kyeongil(주경일)을 JKI로 표기하듯 단순히 첫 문자로만 표현하는 것인데 JKI라고 말해봤자 누구인지 아무도 몰라. 하지만 acronym은 머리글자만으로 만든 단어 자체가 의미가 있고 소통될 수 있는 것을 말하지. USA, AIDS, NASA, FBI, CIA 같은 것들인데 풀어 쓰지 않아도 다 알지?

JUNE BTS는 뭐야 그럼?

JACK acronym급 initial이라 할 수 있지.

USA는 '두문자어'라고 해.

세문자구만...

USA is the acronym for United States of America.
USA는 미합중국의 두문자어이다.

⊙•⊙ **어휘 Plus**
initial 첫 글자, 처음의

acrid [ˈækrɪd]

☐ ☐ ☐

어원 **akri** [날카로운] + **id**

형용 신랄한, 매캐한, 매운, 쓴

JACK acro는 또 '끝'이라는 의미 때문에 뾰족한 끝부분이 연상되지? 산 정상의 모양도 뾰족하고, 그 밖의 꼭대기나 끝부분도 뾰족함이나 그로 인한 날카로움과 이미지가 부합한다고 볼 수 있어. acro와 비슷하게 생긴 acri에는 '날카로운'이라는 의미가 들어 있는데, 이 두 어근은 모두 '날카롭다'라는 뜻의 ak에서 유래한 거야. acro는 물리적으로 날카로운 것, acri는 감각적으로 날카로운 것에 가까워. 그래서 acrid[애크리드]에는 '매운, 쓴, 매캐한'의 의미가 있고 '신랄한 어조로(in acrid tones)' 같은 표현에도 사용해. 결코 부드러운 느낌이 아니지.

JUNE 맛뿐만 아니라 말이나 태도가 신랄하고 가혹하다는 의미로도 쓴다는 것이군.

There is a slightly acrid smell out there.
어디서 살짝 매캐한 냄새가 나고 있어.

⊙–⊙ 어휘 Plus

in acrid tones 신랄한 어조로
slightly 살짝, 약간
smell 냄새

REVIEW

접두어 prefix	어근 root	접미어 suffix
acro〔끝, 꼭대기〕		ia
agora〔광장〕	phob(os)〔공포〕	ia
claustr(um)〔빗장, 잠금〕		ia
hydro〔물〕		ia
	nerv〔신경〕	ous
	pan 〔그리스신화 목축의 신〕	ic
	bat(es)〔걷는 자〕	ic
acro〔끝, 꼭대기〕	meg(a)〔거대한〕	ly
	onym〔이름〕	
akri〔날카로운〕		id

단어
vocabulary

acrophobia	명 고소공포증
agoraphobia	명 광장공포증
claustrophobia	명 밀실공포증, 폐소공포증
hydrophobia	명 공수병, 광견병
nervous	형 불안한, 초조한, 긴장되는
panic	명 공황, 공포, 당황 통 두려워하다 형 불안한, 초조한
acrobatic	형 곡예의
acromegaly	명 말단비대증
acronym	명 두문자어
acrid	형 신랄한, 매캐한, 매운, 쓴

QUIZ

1. VR therapy can reduce (　　　) symptoms.

VR 요법이 고소공포증을 완화할 수 있다.

2. (　　　) is an anxiety disorder with fear of being stuck.

광장공포증이란 빠져나가지 못할 것 같은 두려움에 사로잡힌 불안장애이다.

3. I sometimes get (　　　) in elevators.

나는 엘리베이터 안에서 가끔 폐소공포증을 겪곤 한다.

4. He had symptoms of (　　　).

그는 공수병 증상을 보였다.

5. I felt really (　　　) at the very beginning of the game.

경기 초반에는 정말 긴장했어요.

6. Don't (　　　)! Take it easy.

두려워할 것 없어! 진정해.

7. Tom Holland is second to none in his (　　　) stunts

탐 홀랜드는 곡예와 같은 스턴트 연기에 있어 둘째가라면 서러워할 배우이다.

8. (　　　) can be fatal if left untreated.

말단비대증을 방치하면 위험해질 수 있다.

9. USA is the (　　　) for United States of America.

USA는 미합중국의 두문자어이다.

10. There is a slightly (　　　) smell out there.

어디서 살짝 매캐한 냄새가 나고 있어.

LESSON

11

gress 걷다

progress [ˈprɑːgres] □ □ □

> **어원** **pro** [앞으로] + **gress** [걷다]
> **명사** 발전, 진행　**동사** 진행되다, 전진하다

JACK progress[프라그레스]는 사실 어려운 단어는 아니지만 앞으로 나올 단어들을 전체적으로 이해하는 데 필요한 단어니까 잘 기억해둬. pro는 '앞으로'라는 의미의 접두어인데, '앞pro'라고 외우면 쉽겠지? 그리고 어근 gress는 '걷다'의 뜻인데, 그래서 gre-가 포함된 단어는 걷는 것과 관련이 있어. 이것 또한 외우기 쉬워. gre-의 발음이 '걸어'와 비슷하지 않니? 합하면 progress '앞으로 걸어'. 즉, '진행'이나 '발전'을 뜻하는 명사이고, 동사로도 스펠링은 같은데 강세가 달라져. 명사는 앞에, 동사는 뒤에 강세가 있지.

JUNE 접두어 pro가 든 단어로 project[프로젝트]가 떠오르는군.

JACK 어근 ject에는 '던지다(throw)'라는 뜻이 있어. 그러니까 내 앞에 던져진 '계획'이라는 말이지. 앞쪽으로 던지듯 영상을 쏘는 기계는 projector[프로젝터], inject[인젝트]는 '안(in)'으로 쏘는 거니까 '주사 놓다', reject[리젝트]는 '반대로(re)' 내던지는 거라 '거절하다'의 뜻이야.

You have made remarkable progress.
너는 놀랄 만한 발전을 이루어냈구나.

aggress [əˈgrɛs]

□ □ □

어원 ag [to] + gress [걷다]

동사 공격하다, 시비를 걸다

JACK aggress[어그레스]는 '공격하다, 시비를 걸다'의 뜻인데, 접두어 ag-는 그냥 동사 앞에 붙이는 to의 뜻이고 원형은 ad야. 발음의 편의상 뒤에 나오는 철자에 따라 a 뒤의 철자가 동화되는 경우가 대부분이라 ad가 ag가 된 거지. 형용사형은 aggressive[어그레시브](공격적인)인데 많이 들어본 단어지? aggress라는 단어를 생각하면서 낯선 사람이 내 쪽(ag)으로 빠른 걸음으로 걸어(gress)온다고 상상해봐. 살짝 불안하지?

JUNE "어, 그레스(aggress)?" "어, 그래서 뭐?" 하며 위협적으로 걸어오는 것 같아.

We need an aggressive marketing strategy.
우리에겐 공격적인 마케팅 전략이 필요해.

내려!

⊙-⊙ **어휘 Plus**

◀ project 계획, 앞으로 쏘다
inject 주입하다, 주사를 놓다
reject 거절하다
remarkable 놀랄 만한

▶ aggressive 공격적인
strategy 전략

congress [ˈkɑːŋgrəs]

□ □ □

어원 con [함께] + gress [걷다]

명사 의회, 회의

JACK 보통 국회의원을 congressman[캉그러스먼]이라고 하잖아? congress[캉그러스]는 '함께(con) 걸어오다(gress)'라는 뜻인데 그렇게 모여서 회의한다는 뜻으로 발전했어. 명사로 '회의', 거꾸로 하면 '의회'. 즉, '회의, 의회'의 뜻이야.

JUNE 회의 잘 안 하던데? 투표한 사람들 회의감 들게스리….

JACK 의회를 의미하는 영단어가 나라마다 다른데, 참고로 우리나라에서는 국회를 National Assembly[내셔널 어셈블리]라고 해. congress는 미국의 의회인데 특히 congressman은 하원의원을 의미하고, 상원의원은 senator[쎄니터]라고 하지. 쎄니까 더….

The Congress finally passed the bill.
의회는 결국 그 법안을 통과시켰다.

⊙—⊙ **어휘 Plus**

congressman 국회의원
senator 상원의원
finally 마침내, 결국
bill 법안, 계산서

congregate [ˈkɑːŋɡrɪɡeɪt] □ □ □

어원 **con** [함께] + **greg**(are) [모이다] + **ate** 「동접」

동사 모으다, 모이다

JACK congregate[캉그리게이트]라는 단어도 함께 알아둬. 어근 gregate 는 어원이 gress와 비슷해. '떼를 이루다'란 뜻인데, 접두어 con(함께)을 붙이면 '모이다, 모으다'라는 동사가 돼.

JUNE congregate '(모두 다) 깡그리 게이트' 앞에 '모이다'라고 연상 하면 어떨까?

JACK 무척 빈티 나는 연상법이긴 하다만, 접두어 con이 '모두 함 께'라는 뜻이니만큼 상당히 효과적인 방법으로 보이네.

People will congregate to speak out their thoughts.
사람들이 자신들의 생각을 밝히기 위해 모일 것이다.

⊙-⊙ 어휘 Plus
speak out 공개적으로 밝히다
thought 생각

digress [daɪˈgres] ☐ ☐ ☐

어원 di [멀리 떨어져서] + gress [걷다]

동사 벗어나다

JACK digress[다이그레스]는 이야기가 주제에서 '벗어나다'라는 뜻이야. 접두어 di는 원래 dis인데 '멀리 떨어져서'라는 의미니까, 어근 gress(걷다)와 합해서 어원상 '멀리 떨어져서 걸어가다'로 해석할 수 있지. 하지만 digress의 속뜻은 어떤 이야기가 상황에 발맞춰 가지 않고 엉뚱한 곳으로 새는 것을 이야기해. digress는 주제에서 벗어난다는 뜻의 동사이고 명사형은 digression[다이그레션], '여담, 탈선'의 뜻이야.

JUNE 나 여담 좋아해. 여자들 이야기 재밌잖아. 누가 탈선했대?

JACK 딴 데로 새지 마라. 그게 바로 digress야.

I digressed for a moment, sorry about that.
잠시 옆길로 샜네요. 죄송합니다.

⊙–⊙ 어휘 Plus
digression 여담, 탈선

regress [rɪ'gres]

어원 re [뒤로] + gress [걷다]

명사 퇴보 **동사** 역행하다

JACK 접두어 re는 여러 가지 뜻이 있는데 regress[리그레스]에서는 '뒤로'의 의미여서 '퇴보하다, 퇴행하다'의 뜻이야.

JUNE 여러 가지 뜻 중에 '뒤로'라는 것을 어떻게 알 수 있어?

JACK re에는 뒤로(back), 다시(again), 새로(anew), 맞서서(against) 같은 뜻이 있는데, 여기에 속하지 않으면 대개 그냥 '강조'의 뜻이라 생각하면 돼. 복잡해 보이지만 '맞서서' 외에는 의미의 연관성이 깊어서 유추하기 어렵진 않을 거야. 예를 들어 어떤 일을 다시(again) 한다면 그것은 하기 전의 시간으로 뒤로(back) 돌아가는 것이고, 결국 처음부터 새로(anew) 시작하는 거니까.

They regressed to their former condition.
그들은 예전의 상태로 퇴보했다.

◉─◉ 어휘 Plus
former 예전의
condition 조건, 상태

transgress [trænz'gres]

□ □ □

어원 **trans** [가로지르다] + **gress** [걷다]

동사 위반하다, 선을 넘다

JACK trans는 '가로지르다(across)'나, '넘어서는(beyond)'의 의미를 가진 접두어인데 여기에 gress를 붙이면 transgress[트랜즈그레스]라는 단어가 돼. 즉, '넘어가다'라는 의미에서 어떤 '한도를 넘어서거나 위반하는 것'을 표현할 때 써.

JUNE 영화를 보다 보면 많이 나오는 cross a line과 같은 뜻이야?

JACK 비슷한 뜻이지만 사용할 땐 뉘앙스의 차이가 있으니까 여러 가지 예문으로 익혀야 해. 생활 영어에서 일반적으로 선을 넘는다는 표현일 땐 cross a line이지만, 위법 행위을 한다든가 도덕적인 기준을 넘어설 때는 transgress가 좀 더 구체적인 표현이라고 할 수 있어.

Take care not to transgress the limits.
선을 넘지 않도록 주의해야 한다.

⊙–⊙ 어휘 Plus
cross 가로지르다
limit 한계

ingress ['ɪngres] □□□

어원 in [안] + gress [걷다]

명사 유입, 진입, 입장권

JACK gress 앞에 기본 접두어 in을 붙여볼까? 안으로 걸어가는 것이기 때문에 '입장, 진입'의 의미를 가진 명사야. 동사처럼 생겼는데 명사로 사용하고 있어. 어디로 들어간다고 말할 때는 대개 enter나 go into를 쓰기 때문에 ingress[인그레스]는 좀 딱딱한 느낌의 문어체 표현이라 할 수 있지.

JUNE 딱딱한 문어는 싫어. 어떻게 씹어.

JACK 무너지고 싶냐? 하여간 ingress는 생활영어로 많이 쓰이는 편이 아니어서 어려운 어휘라고 여겨질 수 있는데 어원 분석을 통해 쉽게 이해할 수 있으니 오래 기억되긴 할 거야.

The amount of water ingress is insufficient.
물의 유입량이 부족하다.

◉-◉ **어휘 Plus**
amount 양
insufficient 부족한

ingredient [ɪnˈɡriːdiənt]

어원 in [안] + gradi [걷다] + ent 「명접」

명사 재료, 성분

JACK 그리고 ingress와 유사한 라틴어 ingredi라는 단어가 있는데 들어가다(enter)의 뜻을 가지고 있어. 이 ingredi에 접미어를 붙여 ingredient[인그리디언트]라고 하면 '재료, 성분'의 뜻이 돼. 어떤 음식을 만들려면 재료가 '들어'가잖아? 그 음식에는 여러 가지 성분이 들어 있게 되지. ingredient는 그렇게 들어가는 것들을 의미해. 들어간 재료, 들어 있는 성분.

JUNE 그래. 외국산 제품의 라벨을 살펴보면 ingredient라든가 nutrition facts(영양정보)라고 쓰여 있는 것을 본 적이 있어.

Aloe is the main ingredient of this medicine.
이 약에 들어가는 주요 성분은 알로에야.

⊙–⊙ 어휘 Plus　◀ main 주된　　▶ grade 등급, 성적
　　　　　　　　　nutrition 영양　　lower 더 낮은, 낮추다
　　　　　　　　　　　　　　　　position 위치, 지위

degrade [dɪˈgreɪd]

어원 de [내려가다] + gradi [걷다]

명사 퇴화 **동사** 떨어뜨리다, 강등시키다

JACK ingredient의 어근은 '걷다(step), 가다(go)'의 뜻을 가진 gradi-인데 여기서 step[스텝]은 어떤 '단계'를 나타내기도 하거든. 그래서 이걸 수직적인 개념으로 보면 '단계를 올라가는 것'이 되지. 또 step에는 '계단'의 뜻도 있잖아? 그래서 계단을 올라가듯 단계가 높아지는 것, 그 수직적 단계를 '등급'이라고 하지. grade[그레이드]가 '등급, 품질, 성적, 학년' 등의 의미를 모두 갖는 이유가 바로 이 어원 gradi-와 관련이 있기 때문이야. 여기에 '내려가다'의 뜻을 가진 접두어 de를 붙이면 degrade[디그레이드], 즉 '등급을 떨어뜨리다, 강등시키다, 비하하다'의 의미가 돼.

JUNE 나처럼 가장 높은 단계까지 올라온 정상의 인물에겐 필요 없는 단어로군.

JACK 그렇다면 앞으론 degrade될 일만 남았네.

I'll degrade you.

He was degraded to a lower position.
그는 더 낮은 지위로 강등되었다.

REVIEW

접두어 prefix	어근 root	접미어 suffix
pro 〔앞으로〕		
ag 〔to〕		
di 〔멀리 떨어져서〕		
re 〔뒤로〕	**gress** 〔걷다〕	
trans 〔가로지르다〕		
in 〔안〕		
	gradi 〔걷다〕	**ent**
con 〔함께〕		
	greg (are) 〔모이다〕	**ate**
de 〔내려가다〕	**gradi** 〔걷다〕	

단어
vocabulary

progress	명 발전, 진행 통 진행되다, 전진하다
aggress	통 공격하다, 시비를 걸다
digress	통 벗어나다
regress	명 퇴보 통 역행하다
transgress	통 위반하다, 선을 넘다
ingress	명 유입, 진입, 입장권
ingredient	명 재료, 성분
congress	명 의회, 회의
congregate	통 모으다, 모이다
degrade	명 퇴화 통 떨어뜨리다, 강등시키다

QUIZ

1. You have made remarkable (   ).
   너는 놀랄 만한 발전을 이루어냈구나.

2. We need an (   ) marketing strategy.
   우리에겐 공격적인 마케팅 전략이 필요해.

3. The (   ) finally passed the bill.
   의회는 결국 그 법안을 통과시켰다.

4. People will (   ) to speak out their thoughts.
   사람들이 자신들의 생각을 밝히기 위해 모일 것이다.

5. I (   ) for a moment, sorry about that.
   잠시 옆길로 샜네요. 죄송합니다.

6. They (   ) to their former condition.
   그들은 예전의 상태로 퇴보했다.

7. Take care not to (   ) the limits.
   선을 넘지 않도록 주의해야 한다.

8. The amount of water (   ) is insufficient.
   물의 유입량이 부족하다.

9. Aloe is the main (   ) of this medicine.
   이 약에 들어가는 주요 성분은 알로에야.

10. He was (   ) to a lower position.
    그는 더 낮은 지위로 강등되었다.

LESSON 12

eu · bene 좋은

male 나쁜

eulogy [ˈjuːlədʒi]

□ □ □

어원 **eu** [좋은] + **log**(ia) [말(speaking)] + **y** 「명접」

명사 칭송, 찬사, 추도사

JACK eulogy[율러지]에서 eu는 '좋은', log는 '말'의 의미가 있어서 '좋은 말'로 분석해볼 수 있어. 둘이(dia) 나누는 말(logue)을 뜻하는 dialogue[다이얼로그]라는 단어에서도 log를 찾아볼 수 있지. eulogy는 '칭찬(compliment)'의 의미를 지니지만 어감 상 칭송, 찬사, 찬양 쪽에 좀 더 어울리는 단어야. 장례식장에서 고인을 회고하면서 좋은 이야기로 추도연설을 하잖아? 그 것도 eulogy라고 해. 하여간 eu는 '좋다'의 뜻임을 기억해둬.

JUNE 하긴, 좋다는 데는 다 '이유'가 있는 법이지!

A boy who lost his dad gave his emotional eulogy.
아빠를 잃은 소년이 가슴 찡한 추도사를 했다.

⊙–⊙ **어휘 Plus**
dialogue 대화
compliment 칭찬
lose 잃다
emotional 감정의, 감정을 자극하는

euphemism [ˈjuːfəmɪzəm]

□ □ □

어원 eu [좋은] + phem(e) [말(speech)] + ism 「명접」

명사 완곡어법

JACK 완곡하게 표현하는 것을 euphemism[유퍼미즘]이라고 해. eu는 '좋은', pheme는 '말'을 의미하지. 어원으로만 보면 eulogy 와 매우 비슷해 보이지만 euphemism은 같은 말이라도 '좋 게' 표현하는 것을 의미하는 거라 확실한 차이가 있어.

JUNE 사람들이 너를 오징어라고 하는 것은 완곡어법이야?

JACK 그런 건 중상모략이라고 해. '죽다' 대신 '돌아가시다'라는 표 현을 쓰거나, '실패' 대신 '다음의 기회'로 표현하는 것들이 완곡어법에 해당하지. 나를 완곡어법으로 표현하고 싶다면, 음… 옛날 부자 체형? 혹은 긁지 않은 복권?

'Pass away' is a euphemism for 'die.'
'돌아가시다'는 '죽다'의 완곡어법이다.

⊙-⊙ **어휘 Plus**
pass away 돌아가시다
die 죽다

열공Tip 화장실 가고 싶을 때 완곡한 표현은? 일반적으로 I need to go to the bathroom.(화장 실 좀 다녀와야겠어요.) / 약간 에둘러서 I have to wash my hands.(가서 손 좀 씻고 올게요.) / 약간 유머러스하게 Nature calls (me).(자연이 나를 부르는군.)

euthanasia [juːθəˈneɪʒə]

☐☐☐

어원 eu [좋은] + thana(tos) [죽음] + ia 「명접」

명사 안락사

JACK euthanasia[유써네이저]라는 단어가 있어. thana 부분이 바로 '죽음'에 해당하는 어근인데, 합하면 '좋은 죽음, 편안한 죽음', 즉 '안락사'가 되지.

JUNE 베르나르 베르베르의 소설 중에 〈타나토노트(Les Thanato-nautes)〉라는 작품이 있어. 사전에 없는 단어여서 궁금했는데, 어원 설명을 들어보니 사후세계와 관련된 내용인가 보군.

JACK Thanatonautes에서 -naut는 '뱃사람(sailor)'의 뜻이야. 그러니까 죽음의 항해사, 사후세계 탐험가 정도로 해석할 수 있겠지. '우주비행사'는 astronaut[애스트러너트]라고 하잖아.

JUNE 그러고 보니 모든 생명체의 절반을 죽인 우주 최강의 악당 타노스(Thanos)도 죽음을 의미하는 이름이었군.

Most doctors are opposed to euthanasia.
대부분의 의사들은 안락사를 반대한다.

⊙-⊙ 어휘 Plus
sailor 뱃사람
astronaut 우주비행사
oppose 반대하다

eugenics [juːˈdʒenɪks]

□ □ □

어원 eu [좋은] + gen(e) [탄생] + ics 「명접: 학문 등」

명사 우생학

JACK eu가 들어 있는 또 다른 단어로 Eugene[유진]이 있어. 남자 이름으로 많이 사용되는 단어지. 의미를 살펴보면 gene은 '탄생'의 뜻을 가지고 있어서 좋은(eu) 집안에서 탄생한 '좋은 혈통'이란 의미야. 그리고 eugenics[유제닉스]는 좋은 혈통을 연구하는 학문을 말하는데, 우리말로는 '우생학'이라고 부르지.

JUNE 유진(Eugene)이라… 뜻도 좋고 듣기에도 좋아서 이름으로 많이 사용하는 거로군.

Eugenics should not promote human sequencing.
우생학은 인간의 서열화를 조장해서는 안 된다.

⊙-⊙ **어휘 Plus**
Eugene 남자 이름
promote 촉진하다
sequence 차례로 배열하다

euphoria [juːˈfɔːriə]

□ □ □

어원 **eu** [좋은] + **pher**(ein) [전달하다, 갖다] + **ia** 「명접」

명사 희열, 극도의 행복

JACK BTS 노래 중에 〈Euphoria[유포리아]〉가 있지? You are the cause of my euphoria(너는 내가 행복한 이유)라는 멋진 가사가 나오지. 여기서 euphoria는 '희열, 극도의 행복감'이라는 뜻이야. 어근인 phoria는 '옮기다, 전달하다'의 뜻인데, 아픈 환자에게 약물이 '잘(eu) 전달(phoria)'되어서 통증이 사라지고 행복해진다는 의미야. 그래서 '행복'보다 더 큰 '희열', 더 나아가 '극도의 행복'이라는 의미를 갖게 되었지.

JUNE 아까 BTS 노래 가사가 뭐라고?

JACK You are the cause of my euphoria.

JUNE 별말씀을.

The whole country experienced a mood of euphoria.
온 나라가 희열감에 도취하였다.

⊙-⊙ 어휘 Plus
cause 원인, 이유
whole 전체, 전부의
country 나라
experience 경험하다
mood 분위기, 기분

benefit [ˈbenɪfɪt] ☐ ☐ ☐

어원 bene [좋은] + fac(ere) [하다]

명사 이익, 혜택 **동사** 유익하다

JUNE eu 말고 '좋다'의 의미를 가진 접두어가 또 있어?

JACK bene도 '좋다'의 의미를 가진 대표적인 접두어라 할 수 있지. 우선 많이 사용하는 단어 중에 benefit[베니피트]를 예로 들면, 좋은 쪽으로(bene) 뭔가 일을 하는(facere) 것이니까 결국 이익을 가져다주겠지? 그래서 '이익, 혜택'의 의미가 있어.

어근 fit는 facere에서 비롯된 단어인데 영어 단독으로 fit(맞다, 적합한)의 뜻과 facere(하다)의 뜻은 서로 차이가 좀 있지? 오랜 세월을 지나면서 이처럼 의미가 다소 변하기도 해.

What is the benefit for you?
너한테 득이 되는 건 뭐지?

⊙-⊙ **어휘 Plus**
fit 맞다, 적합한

benediction [benɪ'dɪkʃn] ☐ ☐ ☐

어원 **bene** [좋은] + **dic**(ere) [말하다] + **tion** 「명접」

명사 축복

JACK benediction[베니딕션]은 '축복'이라는 뜻인데, 한번 분석해볼래?

JUNE bene는 좋은 것이라 했고, diction은 우리도 평소에 무슨 '말'을 '딕션'이라고 표현하잖아. 그러니까 좋은 말, 그래서 축복이 되나 보군!

JACK 아주 잘하네! 정말 열심히 공부한 만큼 영어 실력이 나날이 나아져서 머지않아 원어민급 표현을 구사할 수 있기를 간절히 바라.

JUNE 갑자기 왜 그래? 낯설게?

JACK 이게 바로 benediction이라는 거야. 축복의 기도라는 말도 되거든.

Your face is like a benediction.
너의 얼굴은 축복과도 같아.

⊙–⊙ **어휘 Plus**
like ~와 비슷한, ~같은

malediction [mæləˈdɪkʃn]

☐ ☐ ☐

어원 male [나쁘게] + dic(ere) [말하다] + tion 「명접」

명사 저주, 악담

JUNE bene의 반대말은 뭐야?

JACK 접두어 male이 bene의 반의어로 '나쁘게'라는 뜻이야. 쉬운 예로 malediction[맬러딕션]은 방금 우리가 다룬 benediction 의 반대말이 되겠지? 무슨 뜻일까?

JUNE 축복의 반대말이라, 알 것 같기는 한데….

JACK 주저하지 말고.

JUNE 그렇다면 '저주'?

He was uttering nothing but a malediction.
그는 악담만을 내뱉을 뿐이었다.

⊙-⊙ 어휘 Plus
utter 입 밖에 내다, 말하다
nothing but 오직 ~만

malfunction [mælˈfʌŋkʃn] □ □ □

어원 **mal**(e) [나쁘게] + **fun**(gi) [수행하다] + **tion** 「명접」

명사 고장, 장애

JACK malfunction[맬펑션]은 잘못(male) 기능(function)하는 것이니까 간단히 '고장'의 뜻임을 바로 알겠지? 여러 가지 '기능 부전' 이라든가 '장애' 등의 상황에 적합한 단어지.

JUNE 그렇다면 '잘 작동'하는 것은 benefunction[베니펑션]인가?

JACK 헉! 그런 단어는 못 들어봤는데? 정상적으로 작동하는 게 기본이다 보니 function을 어근으로 하는 그런 단어는 없어. 하지만 재치 있게 느껴지는군.

It seems an internal malfunction of the device.
기기 내부의 오작동으로 보이네.

⊙–⊙ **어휘 Plus**
function 기능, 작용
seem 보이다, ~인 것 같다
internal 내부의
device 기기

maleficent [məˈlɛfɪs(ə)nt]

☐ ☐ ☐

어원 **male** [나쁘게] + **fic**(ere) [하다] + **ent** 「형접」

형용 해로운, 사악한

JUNE 그럼 안젤리나 졸리가 나오는 영화 '말레피센트(Maleficent)'도 나쁘다는 의미겠네?

JACK 그렇지! maleficent[멀레피선트]는 사악하고 나쁜 짓을 묘사하는 단어로 '해로운, 나쁜 짓을 하는' 등의 의미가 있어.

JUNE 그럼 반대말로 beneficent[비네피선트]라고 하면 '선을 행하는'이 라고 할 수 있겠다.

JACK 정확해!

How maleficent you are!
이런 사악한 것 같으니라고!

ⓞ-ⓞ 어휘 Plus
beneficent 선을 행하는, 친절한

REVIEW

접두어 prefix	어근 root	접미어 suffix
eu〔좋은〕	log(ia)〔말(speaking)〕	y
	phem(e)〔말(speech)〕	ism
	thana(tos)〔죽음〕	ia
	gen(e)〔탄생〕	ics
	pher(ein)〔전달하다, 갖다〕	ia
bene〔좋은〕	fac(ere)〔하다〕	
	dic(ere)〔말하다〕	tion
male〔나쁘게〕	dic(ere)〔말하다〕	tion
	fun(gi)〔수행하다〕	tion
	fic(ere)〔하다〕	ent

단어
vocabulary

eulogy	명 칭송, 찬사, 추도사
euphemism	명 완곡어법
euthanasia	명 안락사
eugenics	명 우생학
euphoria	명 희열, 극도의 행복
benefit	명 이익, 혜택 동 유익하다
benediction	명 축복
malediction	명 저주, 악담
malfunction	명 고장, 장애
maleficent	형 해로운, 사악한

QUIZ

---

1. A boy who lost his dad gave his emotional (   ).

아빠를 잃은 소년이 가슴 찡한 추도사를 했다.

---

2. 'Pass away' is a (   ) for 'die.'

'돌아가시다'는 '죽다'의 완곡어법이다.

---

3. Most doctors are opposed to (   ).

대부분의 의사들은 안락사를 반대한다.

---

4. (   ) should not promote human sequencing.

우생학은 인간의 서열화를 조장해서는 안 된다.

---

5. The whole country experienced a mood of (   ).

온 나라가 희열감에 도취하였다.

---

6. What is the (   ) for you?

너한테 득이 되는 건 뭐지?

---

7. Your face is like a (   ).

너의 얼굴은 축복과도 같아.

---

8. He was uttering nothing but a (   ).

그는 악담만을 내뱉을 뿐이었다.

---

9. It seems an internal (   ) of the device.

기기 내부의 오작동으로 보이네.

---

10. How (   ) you are!

이런 사악한 것 같으니라고!

LESSON
13

venge 복수하다

revenge [rɪˈvendʒ]

어원 re [강조] + veng(ier) [복수하다]
명사 복수, 설욕

JUNE 영화 '어벤져스: 엔드게임'이 '아바타'를 제치고 전 세계 영화 흥행 기록 1위를 달성했대. 캐머런 감독이 '아바타 3'로 avenge[어벤지](복수)할 수 있을까?

JACK 뭘 그런 일로 원한이 있다고 복수까지 하겠냐. 그리고 그럴 땐 avenge보다 revenge[리벤지]를 사용하는 게 더 어울려. 개인적인 원한으로 직접 복수할 때 쓰는 단어지. 어근 vengier는 '정당함을 주장하다, 도전하다, 복수하다' 등의 의미에서 비롯된 단어고, 여기에 강조의 기능을 가진 접두어 re가 붙어서 복수를 더욱 강조하지. 게다가 re에는 '반대로' 또는 '다시'의 의미도 들어 있어서 뭔가 되돌려준다는 느낌도 들고.

JUNE 그래서 시합에서 패한 팀이 재도전할 때 리벤지 매치(revenge match)라는 말을 쓰는구나.

JACK 맞아. 우리말로는 설욕전이라고 하지. 욕설하는 거 말고….

She poisoned him as revenge.
그녀는 복수하기 위해 그를 독살하였다.

⊙–⊙ 어휘 Plus
poison 독살하다, 독약

avenge [əˈvendʒ]

☐ ☐ ☐

어원 **a**(d) [to] + **veng**(ier) [복수하다]

동사 복수하다

JUNE 그럼 avenge는 어떤 의민데?

JACK avenge는 일반적인 '복수'의 개념을 가지고 있어서 revenge 를 포함하는 상위 단어라 할 수 있어. revenge처럼 개인적 인 복수에도 사용하지. 하지만 대신 나서서 하는 복수에는 avenge가 좀 더 자연스러워. Avengers들도 자기들이 직접 당하진 않았지만 세계 평화를 위해 우리를 대신해서 악당에 게 복수하기 때문에 그렇게 부르는 거야. 하여간 그 영화를 보는 내내 나도 어벤져스 멤버가 되고 싶더라고. 하지만 강한 인내심으로 참았어.

JUNE 잘 참았어. 넌 인내심이 아주 강해서 불의를 보아도 끝까지 참아내잖아.

They united to avenge their history.
그들은 그들 역사에 대한 복수를 위해 뭉쳤다.

⊙-⊙ **어휘 Plus**
unite 연합하다
history 역사

vengeance [ˈvendʒəns]

□ □ □

어원 veng(ier) [복수하다] + ance 「명접」

명사 복수

JUNE 직접 하거나 대신하는 것과 상관없이 그냥 '복수'의 뜻을 가진 단어는 없어?

JACK 물론 avenge도 가능한데, vengeance[벤전스]라는 단어가 가장 알맞을 듯해. 정의 구현을 위해서든, 개인적인 이유에서든 '복수'라는 명사로 사용할 수 있어. 복수극 영화를 보면 특히 vengeance가 많이 나오지.

JUNE 복수 하면 박찬욱 감독의 복수극 시리즈인데 말이지.

JACK 맞아. '친절한 금자씨'의 영어 제목이 바로 Sympathy for Lady Vengeance야. 여기서도 vengeance를 찾아볼 수 있어.

They vowed vengeance against the predators.
그들은 약탈자들에 대한 복수를 다짐했다.

◉─◉ 어휘 Plus
vow 맹세하다
predator 약탈자, 포식자

너나 잘 아세요…?

retribution [ˌretrɪ'bjuːʃn]

어원 re [반대로] + tribu(ere) [주다, 할당하다] + tion 「명접」

명사 응징, 징벌, 천벌

JUNE 그럼 나쁜 일을 저지른 자들에게 대가를 치르게 하는 것, 이를테면 '응징'하는 것은 뭐라고 해?

JACK 공권력, 법 혹은 제삼자의 힘으로 응징한다면 아무래도 감정은 배제되어 있을 테니 retribution[레트리뷰션]이 적절하겠네. 어원대로라면 re는 '반대로' tribu(ere)는 '주다, 할당하다'의 뜻이기 때문에, 죗값에 해당하는 벌을 '할당해서 되돌려주다'라는 뜻이지.

JUNE 하긴, 법이 복수(avenge, revenge)한다고 하면 왠지 어색하구나.

May the retribution overtake him.
부디 그에게 천벌이 내려지기를.

⊙-⊙ **어휘 Plus**
overtake 엄습하다, 닥치다

retaliation [rɪˌtæliˈeɪʃn] □ □ □

어원 re [반대로] + talio [같은 종류의 지불 청구] + tion 「명접」

명사 보복, 앙갚음

JACK '탈리오 법칙'이라는 말 들어본 적 있어?

JUNE 응, 지금 막.

JACK '눈에는 눈, 이에는 이'로 되갚는 처벌을 의미해. 어려운 말로는 '동해보복법'이라고 하는데 무려 함무라비 법전에도 명시되어 있을 만큼 인간의 보편적인 법 감정을 담은 법칙이라 할 수 있지. 그 법의 명칭이 라틴어로 lex talionis야. 여기서 lex는 '법'이고 talionis에서 talio는 '같은 종류의 지불을 청구'한다는 뜻이야. 바로 이를 이용한 단어가 오늘날의 retaliation[리탤리에이션]인데, talio 앞에 '반대로'를 뜻하는 접두어 re를 붙여서 내가 당한 만큼 그대로 청구한다, 즉 '보복, 앙갚음'의 의미가 된 거지.

JUNE 받은 대로 돌려준다는 의미가 그대로 들어 있구나.

JACK 동사는 retaliate[리탤리에이트].

> **The witnesses are afraid of retaliation.**
> 증인들은 보복을 두려워한다.

⊙─⊙ **어휘 Plus**
retaliate 보복하다
witness 증인, 목격자
afraid 두려워하는

reprisal [rɪˈpraɪzl]

어원 reprisaille [고대 프랑스어: 보복]

명사 보복, 앙갚음

JUNE 미국 드라마 'Reprisal[리프라이즐]'도 여자주인공이 복수하는 내용인데 이것도 복수라는 뜻이야?

JACK 그래, 맞아. 고대 프랑스어 reprisaille(복수)에서 직접 가져온 단어인데 그 단어도 '다시 가져가다(take back)'라는 의미의 라틴어 repredendere에서 유래한 거야. 하여간 원래 내 것이었던 것을 빼앗긴 다음 다시 찾아간다는 의미가 있다 보니 국가 간의 보복이나 불법 조업 선박을 나포하는 등의 맞대응을 의미하는 단어로 사용되는데, '보복'이라는 확고한 해석 때문에 개인 간의 복수에 사용하기도 해.

He said nothing for fear of reprisal.
그는 보복이 두려워 아무 말도 하지 않았다.

⊙–⊙ **어휘 Plus**
nothing 아무것도

vendetta [venˈdetə]

어원 **vendetta** [이탈리아어: 반목, 불화]

명사 복수, 앙갚음

JUNE 영화 '브이 포 벤데타(V for Vendetta)'도 V라는 이니셜을 가진 자가 피의 복수를 하는 내용인데 관계가 있어?

JACK vendetta[벤데터]는 이탈리아어에서 가져왔는데 '반목, 불화'에 해당하는 단어야. 어원상으로는 라틴어 vindicta(복수)에서 유래했는데, vengeance, revenge의 어원을 거슬러 올라가면 만나는 단어이기도 하지. 결국 vendetta, vengeance, revenge 모두 같은 출신이라고 보면 돼.

JUNE 가이포크스 가면은 '브이 포 벤데타'에서 저항의 상징으로 사용되면서 더욱 유명해졌지.

He did it out of his family vendetta.
그는 가족의 원한을 갚기 위해 그 일을 했다.

repay [rɪˈpeɪ]

어원 re [반대로] + pay [지불하다]

동사 갚다, 보답하다

JUNE 어떤 영화를 보니까 반드시 복수할 거라면서 repay[리페이]라는 단어를 쓰던데 그것도 복수한다는 뜻이야?

JACK repay 자체로는 '되갚다'라는 의미인데, 복수한다는 어감을 가진 단어는 아니야. 돈을 상환하거나, 신세를 진 것에 보은한다는 의미로 사용되지. 하지만 냉소적인 표현으로 사용한다면 맥락상 '복수하다'의 뜻으로도 충분히 해석이 가능해. 일종의 반어법이라고 할까?

JUNE 반어법? 아! 내가 너한테 자주 하는 말이구나. "자~알 한다!"

When are you going to repay me?
나한테 언제 갚을 생각이야?

nemesis ['neməsɪs]

어원 nemesis [그리스신화 복수의 여신]

명사 천벌, 천형

JACK 너 어릴 때 그리스신화 좋아했잖아? 네메시스 여신 기억나?

JUNE 여신은 늘 좋아하지. 신화는 기억 안 나고.

JACK 그래, 영어식 발음은 '네머시스'인데 정당한 의미를 가진 복수의 여신으로 알려져 있다 보니 '천벌'이나 '응분의 대가'를 뜻하는 단어로도 사용해.

JUNE 와! 가장 강력한 복수로구나! 천벌! 복수를 천 번이나 한다는 거 아냐!

JACK 하늘 천(天)이거든?

JUNE 이런 유머의 U 자도 모르는 녀석!

The plague will be the nemesis for them.
그 전염병은 그들에게 천벌이 될 것이다.

◑-◐ **어휘 Plus**
plague 전염병

영글Tip 네메시스는 세상의 질서와 균형을 지키기 위해서 옳고 그름을 따지지 않으며 모든 종류의 과도함을 응징하는 그리스신화 속 복수의 여신이다. 신의 응징, 하늘의 계시 같은 복수극에 종종 사용되는 단어.

resent [rɪˈzent]

어원 re [강조] + sent [감정]

동사 분하게 여기다, 원망하다

JUNE '복수'와 관련한 단어는 거의 다 알아본 듯하네. 그럼 그런 감정과 관련된 단어는 뭐가 있을까?

JACK 복수를 한다는 건 분하고 '원통'한 감정에서 비롯되는 거니까 잘 생각해봐.

JUNE 원통이라…. 파이프?

JACK 뭐, 그래. 파이프로 맞았다고 생각해봐. 원통하겠지? resent [리젠트]가 바로 '분하게 여기다'라는 단어야. sent는 중요 어근인데 sense[센스]와 비슷하지? '감정'이란 뜻을 가지고 있어. 접두어 re는 '맞서' 같은 느낌인데, 사실은 강조의 역할을 하고 있어. 감당하기 어려울 만큼 큰 감정이라고 생각하면 되겠지? 그래서 resent는 '분통이 터지다'라는 뜻의 동사야.

JUNE 옛날에 엄마 화장대에서 놀다가 바닥에 분통이 떨어지는 바람에 얼마나 혼이 났던지, 어휴….

I don't want to resent anyone.
나는 누구도 원망하고 싶지 않아.

⊙–⊙ **어휘 Plus**
sense 감각

REVIEW

접두어 prefix	어근 root	접미어 suffix
re (강조)		
a(d) (to)	**veng**(ier) (복수하다)	
		ance
	tribu(ere) (주다, 할당하다)	**tion**
re (반대로)	**talio** (같은 종류의 지불 청구)	**tion**
	pay (지불하다)	
reprisaille (고대 프랑스어: 보복)		
vendetta (이탈리아어: 반목, 불화)		
nemesis (그리스신화 복수의 여신)		
re (강조)	**sent** (감정)	

revenge	명 복수, 설욕
avenge	동 복수하다
vengeance	명 복수
retribution	명 응징, 징벌, 천벌
retaliation	명 보복, 앙갚음
repay	동 갚다, 보답하다
reprisal	명 보복, 앙갚음
vendetta	명 복수, 앙갚음
nemesis	명 천벌, 천형
resent	동 분하게 여기다, 원망하다

1. She poisoned him as (   ).

그녀는 복수하기 위해 그를 독살하였다.

2. They united to (   ) their history.

그들은 그들 역사에 대한 복수를 위해 뭉쳤다.

3. They vowed (   ) against the predators.

그들은 약탈자들에 대한 복수를 다짐했다.

4. May the (   ) overtake him.

부디 그에게 천벌이 내려지기를.

5. The witnesses are afraid of (   ).

증인들은 보복을 두려워한다.

6. He said nothing for fear of (   ).

그는 보복이 두려워 아무 말도 하지 않았다.

7. He did it out of his family (   ).

그는 가족의 원한을 갚기 위해 그 일을 했다.

8. When are you going to (   ) me?

나한테 언제 갚을 생각이야?

9. The plague will be the (   ) for them.

그 전염병은 그들에게 천벌이 될 것이다.

10. I don't want to (   ) anyone.

나는 누구도 원망하고 싶지 않아.

LESSON

14

para   옆, 맞서다

parasite [ˈpærəsaɪt]

□ □ □

어원 **para** [옆] + **sitos** [음식]

명사 기생충

JACK 기생충이 영어로 뭐게?

JUNE parasite[패러사이트]. 그거 모르면 간첩이지. 92회 아카데미 시상식에서 봉준호 감독의 기생충이 작품상, 감독상, 각본상, 국제 장편 영화상까지 석권하면서 그 유명한 할리우드 배우들의 입을 통해 수상작으로 얼마나 많이 호명되었는데. 그날의 감동은 아직도 잊을 수가 없어.

JACK 그렇구나. 하여간 parasite는 '옆(para)'과 '음식(sitos)'이란 단어로 구성되어 있는데 '다른 사람이 낸 돈으로 옆에 앉아 음식을 먹는 사람'을 빗대어 만들어진 단어였대. 막상 영화를 보니 정말 적절한 제목이구나 하는 생각이 들더군.

He is like a parasite living off others.
그는 다른 사람들에게 얹혀사는 기생충 같은 존재다.

⊙─⊙ **어휘 Plus**
live off ~로 살아가다
other 다른 사람

sitophobia [saɪtəˈfoʊbiə] □□□

어원 **sitos** [음식] + **phob**(os) [공포] + **ia** 「명접」
명사 음식 공포증, 거식증

JUNE parasite에서 site 부분이 '음식'의 뜻이라니! site라고 하면 웹페이지나 어떤 장소를 의미하는 단어로 익숙한데 말이야.

JACK 그래, 맞아. 어근 site 부분이 중세 프랑스어 site, 라틴어 situs, 희랍어 sitos 등에서 영향을 받은 것으로 보이는데 어떻게 '음식'의 뜻을 갖게 되었는지는 알 수가 없어. 이건 마치 '미남'의 '미' 부분이 어째서 '아름다운'이라는 뜻을 갖게 되었을까 하는 의문과 매한가지야. 결국 최초의 표현은 누군가가 임의로 지은 후 다수의 습관적인 사용을 통해 '단어'로 자리 잡았을 거야. 어쩌면 인간의 언어가 시작될 무렵 나처럼 생긴 사람의 이름이 '미남' 아니었을까?

JUNE 설득력 있는데? 침팬지들 중 네가 잘생긴 편이었을지도 모르지.

JACK 으음… 칭찬 고마워. 하여간 site의 어원은 sitos인데 여기에 공포를 의미하는 phobia를 붙이면 sitophobia[사이터포비어], 즉, 음식에 대한 공포증, '거식증'이라는 단어가 돼.

She suffers from sitophobia.
그녀는 거식증으로 고생한다.

⊙-⊙ 어휘 Plus
suffer 시달리다, 겪다

197

paraphrase [ˈpærəfreɪz]

어원 **para** [옆] + **phras**(is) [말]

명사 바꾸어 말하기   **동사** 바꾸어 말하다

JUNE 지금 사전을 찾아보니 거식증은 anorexia[애너렉시아]라고 쓰여 있는데?

JACK 그래, 그것도 맞아. anorexia는 음식을 두려워하는 거식증을 포함해서 신경성 식욕부진에 이르기까지 모두 사용하는 말이야. 말하자면 sitophobia를 바꾸어 말한 거라고 할 수 있지. 이렇게 좀 더 쉬운 단어로 표현하거나 다른 문장으로 바꾸어 말하는 것을 paraphrase[패러프레이즈]라고 해. 단어의 구성을 분석해보면, '옆(para)'에 나란히 세울 수 있는 비슷한 의미의 '말(phrasis)'이라는 뜻임을 알 수가 있지.

Let me paraphrase what you said.
네가 한 말을 쉽게 바꿔볼게.

⊙─⊙ **어휘 Plus**
anorexia 거식증

catchphrase [ˈkætʃfreɪz]

어원 **catch** [잡다] + **phras**(is) [말]

명사 유명한 문구, 선전 구호

JUNE 난 캐치프레이즈(catchphrase)는 많이 들어봤는데 패러프레이 즈(paraphrase)는 처음이야.

JACK 처음 같겠지. 넌 오래 마음에 담아두는 일이 없는, 뒤끝 없이 털털한 친구잖아. catchphrase[캐치프레이즈]는 마음을 사로잡는 말, 즉 '선전 구호'라는 의미야. 선거 때마다 캐치프레이즈가 난무하잖아.

You must not take it as a mere catchphrase.
단지 구호로만 여겨서는 안 돼.

⊙-⊙ **어휘 Plus**
mere 단지

paragraph [ˈpærəgræf]

어원 **para** [옆] + **graph** [쓰기]

명사 단락, 문단, 절

JACK paragraph[패러그래프]라는 단어는 많이 들어봤을 거야. 문단이니 단락이니 하는 단어 알지? 옆에 글을 쓴다는 뜻을 가지고 있어.

JUNE 이해가 안 되는걸? 문단이나 단락은 아래로 배열되지 옆에 있는 게 아니잖아?

JACK 좋은 질문이야. 원래 paragraph는 옛날 그리스에서 글을 쓰던 방식에서 나온 단어야. 그들은 단어나 문장을 옆으로 계속 이어서 썼는데, 그 과정에서 새로운 내용이 시작되는 지점의 첫 글자 '옆'에 '표시'를 해두었는데 그것에서 유래한 것이 바로 paragraph야.

Beginning a new paragraph, I indent two spaces.
새로운 단락을 시작할 때, 나는 두 칸을 띄운다.

⊙-⊙ 어휘 Plus
indent 들여 쓰다
space 공간

200

parody [ˈpærədi]

☐☐☐

어원 **para** [옆] + **ode** [노래, 시]
명사 풍자, 익살

JACK 어떤 곡이나 연극, 영화의 원작을 약간 비틀어서 재미있게 만든 것을 parody[패러디]라고 하잖아? 여기 쓰인 접두어 paro의 어원도 para야. para에는 '옆(beside)' 말고 '가짜'라는 뜻도 있어.

JUNE 어떻게 '가짜'라는 의미까지 확장된 거야?

JACK 옆에 있는 것은 원래의 것이 아니니까 진짜가 아니겠지? 그래서 para가 '가짜'라는 뜻까지 갖게 된 거야. ody는 '시(詩)나 음악' 같은 것을 의미하는 -ode의 변형인데 para와 합해보면 '가짜 시'가 되잖아? 그래서 가짜지만 진짜처럼 비슷하게 만든 풍자물을 의미하게 된 거지.

This is a nice parody of the original movie.
이것은 원작 영화를 잘 패러디한 작품이다.

마지막 횡재

⊙–⊙ 어휘 Plus
original 원래의

tragedy [ˈtrædʒədi]

☐ ☐ ☐

어원 **tragos** [산양] + **ode** [노래, 시]

명사 비극

JACK tragedy[트래져디]는 '비극'이란 뜻이야. 어근 tragos는 '산양'을 의미하는데, 신에게 제사를 지내던 시절 소위 '산양제'라고 하는 제사에서 어린 양을 제단에 바치는 행위가 있었대. 그때 그 신(디오니소스)을 찬양하는 노래에서 비롯된 단어가 바로 tragedy라고 해. 어린 양을 제물로 바친다고 하니 왠지 무섭고 슬픈 느낌이 들지 않아? 하여간 그런저런 이유로 tragedy의 의미는 '비극'이란 뜻이 되었어. 그렇게 어린 양을 하도 제물로 바쳐서 그런지 특히 우리나라에선 양 자체를 보기 힘들더라고.

JUNE 우리나라에 양이 드문 건 양도 소득세를 내야 해서 그런 거 아냐? 양이 무슨 돈이 있다고….

No one expected this kind of tragedy to happen.
아무도 이런 비극이 일어나리라고는 기대하지 않았다.

양도소득세를 내래…
이런 비극이…

⊙-⊙ 어휘 Plus
expect 기대하다
happen 일어나다

202

parasol [ˈpærəsɔːl]

□ □ □

어원 **para** [맞서다] + **sol**(e) [태양]

명사 파라솔, 양산

JACK 파라솔(parasol) 앞에 붙어 있는 para에 바로 '맞서다'의 뜻이 있어. 그리고 태양에너지를 solar energy[소울러 에너지]라고 하는 데서 알 수 있듯이, sol은 '태양'이란 뜻이야. 그러니 parasol[패러솔]이라고 하면 '태양에 맞서다'라는 의미가 그대로 전달되지? 태양을 막는 파라솔, 양산.

JUNE 양산이 parasol이면 우산은 para rain 정도 되어야 어원으로 공부할 맛이 나는 거 아냐?

JACK 그렇긴 하지만 앞에서도 설명했듯이 어원과 단어가 일대일로 딱 연결되진 않아. '우산'이라는 뜻으로 사용하는 단어 umbrella[엄브렐러]의 어원은 라틴어 umbella인데 원래는 이것도 '그늘, 양산'이라는 뜻이었어. 세월이 흐르면서 그렇게 나뉜 것일 뿐. 양산을 비가 올 때 쓰다 보니 우산이 된 거지 뭐.

Why don't you put up your parasol?
양산을 쓰지 그래?

⊙–⊙ **어휘 Plus**
solar 태양의
energy 에너지
umbrella 우산

parachute [ˈpærəʃuːt] □ □ □

어원 para [맞서다] + chute [떨어지다]
명사 낙하산

JUNE 그렇다면 양산 비슷하게 생긴 낙하산을 의미하는 단어도 그 래서 parachute[패러슈트]인 거야?

JACK 어근 chute는 프랑스어로 '떨어지다'의 의미인데, 떨어지는 (chute) 것을 막는(para) 거니까 낙하산이 되는 거지.

JUNE 위에서 사람을 꽂는 '낙하산 인사'라는 말이 영어에도 있어?

JACK '낙하산 인사'에 해당하는 영어 표현은 revolving-door employment라고 할 수 있어. '회전문 인사'라고 할 수 있겠 네. 자기들끼리 돌아가며 주요 직책을 차지한다는 뜻인데 우 리나라에서도 요즘 많이 쓰는 표현이지.

For Sale – Parachute. Only once used, never opened.
낙하산 팝니다. 단 한 번 사용했음. 펼쳐진 적 없음.

◉–◉ 어휘 Plus
employment 고용
for sale 팔려고 내놓은
once 한 번

paradox [ˈpærədɑːks] □□□

어원 **para** [맞서다] + **dox** [말, 의견]

명사 역설

JACK paradox[패러닥스]라는 단어는 우리말로 '역설, 모순' 등의 의미야. 어원으로 풀어보면 어근인 dox가 '말, 의견'의 뜻이고, 접두어 para가 '맞서다'의 뜻이므로 '말이 서로 맞서는 상황', 즉 말이 앞뒤가 안 맞는다는 의미가 되는 거지.

JUNE 예를 들어 '내가 하는 말은 모두 거짓말이다!'라고 하면 그조차도 거짓말이 되니까 모두 거짓말이라는 말 자체가 거짓이 되네. 그럼 참이라는 거야 거짓이라는 거야? 너무 어려운걸?

JACK 바로 그런 자기모순을 이야기하는 단어야. 심오한 철학의 세계에서 비롯된 말이라 그런지 해석도 어려운 것 같아.

Life is full of huge paradox.
인생은 엄청난 역설로 가득 차 있어.

ⓞ─ⓞ 어휘 Plus
be full of ~로 득 차다
huge 엄청난, 거대한

영훈Tip paradox와 irony[아이러니]의 차이는? paradox는 상반되는 두 개의 가치가 충돌하는 역설을 의미하며 결론적으로는 말이 안 된다는 뜻, irony는 가치가 반전되는 상황을 의미하며 예상과는 다른 정반대의 결과가 도출되는 상황. 가령 가난한 나라의 자살률이 더 낮은 것은 아이러니.

REVIEW

접두어 prefix	어근 root	접미어 suffix
para〔옆〕	sitos〔음식〕	
	phras(is)〔말〕	
	graph〔쓰기〕	
	ode〔노래, 시〕	
	sitos〔음식〕 + phob(os)〔공포〕	
	catch〔잡다〕 + phras(is)〔말〕	
	tragos〔산양〕 + ode〔노래, 시〕	
para〔맞서다〕	sol(e)〔태양〕	
	chute〔떨어지다〕	
	dox〔말, 의견〕	

단어
vocabulary

parasite	명 기생충
paraphrase	명 바꾸어 말하기 통 바꾸어 말하다
paragraph	명 단락, 문단, 절
parody	명 풍자, 익살
sitophobia	명 음식 공포증, 거식증
catchphrase	명 유명한 문구, 선전 구호
tragedy	명 비극
parasol	명 파라솔, 양산
parachute	명 낙하산
paradox	명 역설

QUIZ

---

1. He is like a (   ) living off others.

그는 다른 사람들에게 얹혀사는 기생충 같은 존재다.

---

2. She suffers from (   ).

그녀는 거식증으로 고생한다.

---

3. Let me (   ) what you said.

네가 한 말을 쉽게 바꿔볼게.

---

4. You must not take it as a mere (   ).

단지 구호로만 여겨서는 안 돼.

---

5. Beginning a new (   ), I indent two spaces.

새로운 단락을 시작할 때, 나는 두 칸을 띄운다.

---

6. This is a nice (   ) of the original movie.

이것은 원작 영화를 잘 패러디한 작품이다.

---

7. No one expected this kind of (   ) to happen.

아무도 이런 비극이 일어나리라고는 기대하지 않았다.

---

8. Why don't you put up your (   )?

양산을 쓰지 그래?

---

9. For Sale – (   ). Only once used, never opened.

낙하산 팝니다. 단 한 번 사용했음. 펼쳐진 적 없음.

---

10. Life is full of huge (   ).

인생은 엄청난 역설로 가득 차 있어.

LESSON

15

term 끝, 한계

term [tɜːrm]

☐ ☐ ☐

어원 term [끝, 한계]
명사 기간, 학기, 용어

JUNE term[텀]이라는 단어에 '기간, 학기, 용어' 등등 여러 가지 뜻이 있다며? 이래서 내가 영어가 어렵다는 거야!

JACK term은 어원상 '끝'이나 '한계' 등을 의미하는 단어인데 네가 방금 나열한 의미들에 그 개념이 전부 들어가 있어. '기간'이라는 말은 일정한 시간의 양을 의미하는 것이다 보니 그 시작과 끝이 존재하겠지? 그 시작과 끝의 안쪽은 '기간' 내에 해당하고 그 기간의 안팎을 구분 짓는 경계선이나 한계의 개념이 자연스럽게 그 속에 존재하게 돼. '학기'는 당연히 '기간'이라는 상위어의 범주에 포함된다고 할 수 있지. 그리고 '용어'라는 것도 어떤 개념이나 명칭에 대해 특정한 범위를 한정해서 표현한 것이기 때문에 term이란 단어를 갖다 붙여도 이상할 건 없지.

JUNE 아하! 나처럼 멋진 남자는 '호남'이라는 용어의 범위에 포함된다는 의미지?

JACK 전라도여?

My short-term memory is really bad.
나의 단기 기억력은 꽝이야.

terminate [ˈtɜːrmɪneɪt]

☐ ☐ ☐

어원 **termin** (us) [끝, 한계] + **ate** 「동접」

동사 끝내다, 해치우다

JACK 하여간 term, termin이 들어간 단어는 '끝, 한계, 경계선' 등의 의미가 있는데, 여기에 동사형 접미어 -ate가 붙으면 말 그대로 끝을 내는 것이기 때문에 '끝내다, 없애다'의 의미가 있는 동사 terminate[터미네이트]가 돼.

JUNE 그래서 영화 '터미네이터(Terminator)'가 모든 것을 끝장내는 '종결자'의 의미라는 것이구나.

I want to terminate the lease.
임대차 계약을 종료하고 싶은데요.

⊙–⊙ **어휘 Plus**

◀ memory 기억력
　 bad 나쁜
▶ terminator 종결자
　 lease 임대차 계약

Terminate
the lease!

아! 예…

terminal [ˈtɜːrmɪnl]

어원 **termin**(us) [끝, 한계] + **al** 「명/형접」

명사 터미널, 단말기 **형용** 말기의

JACK term 뒤에 형용사형 접미어 al을 붙이면 '끝의, 말단의'처럼 어떤 시간이나 공간의 마지막 부분을 의미하는 terminal[터미널]이라는 단어가 돼. 그래서 말기암(terminal cancer)이나 불치병(terminal disease)에 terminal이라는 단어를 붙여서 표현하지. 명사로도 사용되는데 맨 끝에 있는 것이니까 '단말기'라는 뜻도 있어. 컴퓨터의 예를 들어볼까? 모니터는 결과물을 최종적으로 송출하는 곳이기 때문에 출력단말장치, 키보드는 입력의 시작이긴 하지만 시작과 끝은 모두 말단에 존재하는 지점이라 입력단말장치라고 해. 그런데 실생활에서는 컴퓨터 전체나 입력 장치를 아우르는 단어로 그냥 단말기, 단말 컴퓨터라고 부르는 거야.

JUNE 아~ 버스 터미널도 맨 끝에 도착하는 종착지라는 의미에서 terminal을 쓰는 거구나!

She survived the terminal cancer.
그녀는 말기암을 이겨냈다.

⊙-⊙ **어휘 Plus**
cancer 암
disease 병
survive 생존하다

determine [dɪˈtɜːrmɪn]

□ □ □

어원 de [완전히] + termin(us) [끝, 한계]
동사 결정하다, 밝히다

JACK 이번에는 앞에 접두어 de를 붙여볼까? determine[디터민]. 여기서 de는 '완전히'의 의미여서 '확실히 끝을 맺는다'고 강조하는 의미가 더욱 두드러지지? 그래서 '결정하다, 결심하다, 단호하게 뜻을 밝히다'라는 뜻이 돼.

JUNE 옛날에 무수히 많은 여자 친구와의 이별을 단호하게 결심 (determine)했던 때가 생각나는군. 그나저나 넌 여자 친구들이 없었던 것 같은데?

JACK 아니거든, 난 진도가 어찌나 빨랐는지 만나자마자 헤어져서 그래.

Don't let it determine your future.
그게 너의 미래를 결정짓게 하지 마.

⊙-⊙ **어휘 Plus**
future 미래

exterminate [ɪkˈstɜːrmɪneɪt] ☐ ☐ ☐

어원 ex [밖] + **termin**(us) [끝, 한계] + **ate**「동접」
동사 몰살하다, 근절하다

JACK terminate에 '밖'을 뜻하는 접두어 ex를 붙이면 exterminate [익스터미네이트]가 되는데, 끝내는 정도가 아니라 끝장을 내서 경계선(term) 밖으로(ex) 쫓아버린다는 의미야. 그러니까 terminate보다 더욱 강한 어감을 가진 단어로, '몰살하다, 박멸하다, 전멸시키다'라는 뜻이야. 해충을 박멸할 때 적절한 단어이기도 하지. 참고로 eliminate [일리미네이트]라는 단어가 있는데 이 단어 역시 limit(한계) 밖으로 보낸다(ex), 즉 '제거하다, 없애다'라는 뜻이 있어.

JUNE 단순히 경계선 밖으로 내쫓는 정도인 줄 알았더니 그게 생사를 가르는 경계선을 말하는 거였구나.

This pesticide will exterminate the roaches.
이 살충제가 바퀴벌레들을 박멸할 거야.

⊙━⊙ **어휘 Plus**
eliminate 제거하다
pesticide 살충제
roach 바퀴벌레

eradicate [ɪˈrædɪkeɪt]

□ □ □

어원 e(x) [밖] + rad(ix) [뿌리] + ate 「동접」

동사 뿌리를 뽑다, 전멸시키다

JACK exterminate만큼이나 강한 뜻의 eradicate[이레디케이트]를 알아볼까? 접두어 e는 ex에서 x가 탈락한 모습이고 '밖'의 의미를 지니지. 어근 rad는 '뿌리'라는 뜻이야. root[루트](뿌리)와 생긴 것도 발음도 아주 비슷하지? 뿌리를 밖으로 빼낸다는 건 뽑아낸다는 의미고, 이 영단어와 똑같은 의미의 한자어가 바로 '근절하다'야. 뿌리를 뽑아내고 끊어내서 완전히 전멸시킨다는 거지.

JUNE 아하! 땅속에서 캐내는 무를 radish[래디쉬]라고 하던데 그거였구나!

JACK 대단한데? 왠지 똑똑한 네가 낯설어. 여하튼 우리가 '무'를 깍두기로 담가 먹듯 뿌리(rad) 부분을 요리해서 먹는 식물들을 radish라고 하지.

We must eradicate the corrupt politicians.
부패한 정치인들을 뿌리 뽑아야 한다.

◉-◉ **어휘 Plus**
radish 무
corrupt 부패한
politician 정치인

215

radical [ˈrædɪkl] □□□

어원 rad(ix) [뿌리] + al 「명·형접」

명사 근본주의자, 원리주의자　**형용** 급진적인, 근본적인, 과격한

JACK 이처럼 rad는 '뿌리'라는 뜻에서 연상되는 다양한 이미지 때문에 여러 단어의 어근으로 사용되고 있어. 그중 radical[래디컬]이라는 단어가 있는데, 뿌리가 근원, 근본의 의미를 담고 있어서 '근본주의자, 원리주의자'라는 뜻으로 쓰여. 그리고 그들이 과격한 행동을 하는 일도 있어서 그런지 '과격하다'라는 의미도 있어. 과격한 행동을 하는 시위자들에게 호스로 물을 뿌리는 거 봤을 거야. 하여간 명사, 형용사 둘 다 스펠링은 같아. 이제 과격분자(radical) 속에 왜 '뿌리(rad)'가 있는지 잘 알겠지?

JUNE 물을 '뿌리'니까?

Radical ideas won't get you anywhere.
과격한 해결책으론 득이 될 게 없어.

⊙-⊙ 어휘 Plus
idea 생각, 계획
not get somebody anywhere 아무런 도움이 안 되다

우린 폭탄원리는 몰라!

annihilate [əˈnaɪəleɪt]

☐ ☐ ☐

어원 **an** [to] + **nihil** [무, 없음] + **ate** 「동접」

동사 전멸시키다, 무효로 하다

JUNE 갈수록 끝장내는 강도가 높아지는 느낌이 드네. 아직 더 남았어?

JACK annihilate[어나이얼레이트]가 빠질 순 없지. an 부분은 특별한 의미는 없고 '~로'처럼 방향성을 나타내는 전치사 to라고 보면 돼. 어근이 의미하는 방향으로 동작이 진행되는 느낌을 주지. nihil은 라틴어로 '무, 없음'의 뜻인데 아무것도 없다는 거야. 즉, 아무것도 없는 쪽으로 향한다는 뜻이니만큼 마치 아무것도 없었던 것처럼 모조리 '전멸시키다', 하기로 했던 것을 없었던 일로 하듯 '무효로 하다'의 뜻을 가지고 있어. 현대 영어에서는 시합에서 상대방을 완전히 '때려눕히다, 완패시키다' 정도의 뜻으로 사용하기도 해.

They took every step to annihilate the terrorists.
그들은 테러리스트들을 전멸시키기 위해 모든 수단을 강구했다.

⊙–⊙ **어휘 Plus**

take every step 모든 수단을 취하다
terrorist 테러리스트

nihilism [ˈnaɪɪlɪzəm]

☐ ☐ ☐

어원 nihil [무, 없음] + ism「명접: 주의」
명사 허무주의

JUNE nihil이 nothing[나씽]이라고 하니 문득 니힐리즘이 떠오르네. 한때 깊이 심취했던 니힐리즘, 허무주의 말이야.

JACK 그건 그때 네가 니힐리즘이 '니힐리리야' 하고 노는 과목인 줄 알고 신청했다가 허무했던 기억이 나는 거겠지. 하여간 nihilism의 영어식 발음은 '나이일리즘'이야. 아무것도 존재하지 않는 절대적인 '무'의 경지를 의미하는 어근 nihil에 '주의'를 뜻하는 접미어 ism을 붙인 거지.

The nihilist's head is full of nihilism.
그 허무주의자의 머릿속은 허무주의로 가득 차 있다.

ⓞ–ⓞ 어휘 Plus
nihilist 허무주의자

erase [ɪ'reɪs]

어원 e (x) [밖] + **rase** [문질러서 빼내다]

동사 지우다

JUNE 없애는 건 이게 다야?

JACK 찾아보면 더 많겠지만 쉬운 것 하나만 더 볼까? erase[이레이즈], 밖으로(ex) 문질러서 빼낸다(rase), 즉 '지우다'라는 뜻인데 지우개를 뜻하는 eraser[이레이저]를 떠올려보면 쉽게 이해될 거야.

JUNE 그러고 보니 영화 '터미네이터(Terminator)'의 주인공 아널드 슈워제네거가 주연을 맡았던 또 다른 영화 '이레이저(Eraser)'가 생각나네. 영화에서 보면 표적을 한 방에 사라지게 만드는 신무기를 선보이는데 그것의 강력한 erase 기능과, 주인공이 안전보장을 위해 목격자의 과거 신원을 지우는 eraser의 역할을 모두 담아낸 훌륭한 제목이라는 생각이 새삼 드는군. 고무 지우개(eraser)도 다시 보이는걸?

I wish I could erase my terrible memories.
나의 끔찍한 기억을 지울 수 있다면 얼마나 좋을까.

⊙⊙ **어휘 Plus**
eraser 지우개
terrible 끔찍한

REVIEW

접두어 prefix	어근 root	접미어 suffix
		ate
	termin(us) 〔끝, 한계〕	al
de 〔완전히〕		
ex 〔밖〕		ate
e(x) 〔밖〕		ate
	rad(ix) 〔뿌리〕	al
an 〔to〕		ate
	nihil 〔무, 없음〕	ism 〔주의〕
e(x) 〔밖〕	rase 〔문질러서 빼내다〕	

단어
vocabulary

term	명 기간, 학기, 용어
terminate	통 끝내다, 해치우다
terminal	명 터미널, 단말기 형 말기의
determine	통 결정하다, 밝히다
exterminate	통 몰살하다, 근절하다
eradicate	통 뿌리를 뽑다, 전멸시키다
radical	명 근본주의자, 원리주의자 형 급진적인, 근본적인, 과격한
annihilate	통 전멸시키다, 무효로 하다
nihilism	명 허무주의
erase	통 지우다

QUIZ

1. My (   ) memory is really bad.
   나의 단기 기억력은 꽝이야.

2. I want to (   ) the lease.
   리스 계약을 종료하고 싶은데요.

3. She survived the (   ) cancer.
   그녀는 말기암을 이겨냈다.

4. Don't let it (   ) your future.
   그게 너의 미래를 결정짓게 하지 마.

5. This pesticide will (   ) the roaches.
   이 살충제가 바퀴벌레들을 박멸할 거야.

6. We must (   ) the corrupt politicians.
   부패한 정치인들을 뿌리 뽑아야 한다.

7. (   ) ideas won't get you anywhere.
   과격한 해결책으론 득이 될 게 없어.

8. They took every step to (   ) the terrorists.
   그들은 테러리스트들을 전멸시키기 위해 모든 수단을 강구했다.

9. The nihilist's head is full of (   ).
   그 허무주의자의 머릿속은 허무주의로 가득 차 있다.

10. I wish I could (   ) my terrible memories.
    나의 끔찍한 기억을 지울 수 있다면 얼마나 좋을까.

LESSON 16

kin	가족, 종족
gene	탄생

kind [kaɪnd]

어원 gene [탄생]

명사 종류　**형용** 친절한

JUNE　kind[카인드]는 명사로 '종류'라는 뜻이면서 형용사로는 그와 전혀 다른 '친절한'이라는 뜻도 있잖아? 철자만 같고 어원은 다른 건가?

JACK　최초의 시작점은 같다고 봐도 돼. '낳다, 자식을 보다' 같은 탄생과 관련한 뜻을 가진 gene을 어원으로 품고 있는 단어야. 태곳적부터 가족, 종족을 하나의 집단으로 구분하고 다른 집단을 경계하던 본성이 스며 있는 단어라 할 수 있지. 같은 집단의 구성원끼리는 경계심을 풀고 다정하게 대하게 되잖아? 그래서 '같은 종류(kind)끼리는 친절하다(kind)'라는 의미로 어원상 한곳에서 출발하게 된 거야.

JUNE　친절한(kind) 성품은 태어났을 때의 착한 천성(gene)을 그대로 간직하고 있다는 의미로 봐도 되겠는걸? 마치 성선설처럼.

JACK　맞아, 시작점은 gene이기 때문이지. 이어지는 단어 kin에서 더 설명해줄게.

Thank you for your kind help.
친절한 도움에 감사드립니다.

kin [kɪn]

☐ ☐ ☐

어원 gene [탄생]

명사 친척, 민족

JACK kin[킨]은 '친척, 종족, 인종' 등 타고난(gene) 자기들만의 공통
적인 요소로 묶인 단위를 표현하는 단어라 할 수 있어.

JUNE 스킨십(skinship)도 그런 관계에서 나온 단어일까? 다른 종족
과는 경계하느라 스킨십을 하지 않으니까 말이야.

JACK 스킨십은 콩글리시야. 우리가 좋아하는 단어라서 쉽게 내려
놓지 못할 뿐이지. 하지만 kinship[킨십]이란 단어는 있어. '종
족 간의 유대감'이나 '친족'을 의미하는 단어야. 그렇다고 스
킨십을 대신할 수 있는 단어는 아니야.

He is kin with me.
그는 나와 친척이야.

⊙―⊙ **어휘 Plus**
kinship 유대감, 친족

영끌Tip 친척(kin)이나 가장 가까운 부류(kind)의 사람들이 모여 사는 집단에서 족장처럼 우두
머리 역할을 하는 사람을 king[킹](왕)이라고 불렀다. 그리고 king이 사는 곳, 다스리는 영토
를 kingdom[킹덤](왕국)이라 칭하게 되었다.

kid [kɪd]

☐☐☐

어원 **kid** ['새끼염소'에서 유래]

명사 아이, 어린이　　**동사** 놀리다, 농담하다

JUNE kid[키드]도 kind처럼 전혀 다른 두 개의 뜻을 가졌더라. 명사
와 동사의 관련성을 좀 알려줘.

JACK kid는 새끼염소를 의미하는 단어였는데 지금은 '꼬마 아이'
를 표현하는 단어로 사용하고 있지. 동사로 사용하면 '어린아
이 대하듯 하다'라고 해서 '놀리다'의 뜻이 되는 거야.

JUNE 그래서 아이들이 '키득키득' 하고 웃는구나.

Are you kidding me?
지금 농담하시는 거죠?

kidnap [ˈkɪdnæp]

☐☐☐

어원 **kid** [아이] + **nab**의 변형 [붙잡다]

동사 납치하다, 유괴하다

JUNE kidnap[키드냅]에는 kid가 들어 있는데, 어째서 다 큰 성인을 납치해도 kidnap이라고 하는 거지?

JACK kidnap은 옛날에 아이들을 납치해서 미국 노예시장에 넘기던 끔찍한 역사에서 유래한 단어야. 최악의 범죄라고 할 수 있지. 물론 지금은 어른, 아이 할 것 없이 납치라는 단어는 kidnap을 사용하고 있어. 기차나 비행기 같은 대규모의 납치에는 hijack[하이잭]이라는 단어를 사용해.

JUNE 널 만날 때마다 '하이 잭!(Hi Jack!)' 하고 싶은 마음이야. 어찌나 반가운지.

Don't even think about kidnapping!
유괴 따윈 꿈도 꾸지 마!

⊙–⊙ 어휘 Plus
hijack (비행기나 차량을) 납치하다
even 심지어, ~도

infant [ˈɪnfənt]

☐ ☐ ☐

어원 in [부정(not)] + fa(ri) [말하다] + nt 「명접」

명사 유아, 아기

JUNE kid보다 더 어리면 뭐야? baby[베이비]인가?

JACK 그렇지. 좀 더 격식을 차린 단어로는 infant[인펀트]가 있어. 유아나 젖먹이를 일컫는 말인데 아직 말을 하지 못하는 아기들의 특성을 묘사한 단어라고 할 수 있지. 어원을 살펴보면 접두어 in은 부정의 뜻이고, fa는 라틴어 fari에서 유래했는데 '말하다'의 의미야. 여기에 사람을 나타내는 접미어 –nt를 붙여서 '말을 못 하는 사람', infant가 완성되었어.

I was an infant prodigy.
나는 어릴 때 신동이었어.

⊙-⊙ **어휘 Plus**
prodigy 영재

fable [ˈfeɪbl]

☐☐☐

어원 fa(ri) [말하다]

명사 동화, 우화

JUNE fa- 부분이 '말하다'의 뜻이라니 우리말처럼 '대화'할 때 '화'로 기억하면 되겠네.

JACK 지나친 확대해석만 하지 않는다면 그런 시도가 언어를 이해하는 데 무척 도움이 되지. 나도 말장난을 좋아하지만 도를 넘지는 않잖아?

JUNE 맞아. 나도 경기도 내에서만 말을 타봤어.

JACK 아, 하지 말라고! 아무튼 fable[페이블]의 fa-도 마찬가지야. 구전되는 이야기라는 해석도 되지만, 사실 우화(寓話)라는 것은 사물에 빗대어 이야기 속에 풍자와 교훈을 담은 것이기 때문에 사물이 '말'을 하게 되는 소설적 상상이 들어 있어. 그래서 동식물이 말(fa-)을 한다는 의미도 fable에 들어 있지. 우리말로 번역해서 '우화'인 것이고 원어민의 영어식 사고방식으로는 '말로 전해진 것, 이야기' 등으로 이해될 거야.

I liked to read Aesop's fables.
나는 이솝 우화 읽기를 좋아했다.

fate [feɪt]

어원 fa(ri) [말하다]

명사 운명, 숙명

JACK 운명이란 의미의 fate[페이트] 또한 '말하다'의 어근을 가지고 있는데, 좀 더 구체적으로는 that which has been spoken, '이미 말해진 것'이란 뜻이야. 우리가 세상에 나올 때 이미 네 인생은 이렇게 될 것이라고 말해졌다는 거지. 즉, 이미 정해진 '운명, 숙명'이라고.

JUNE 우리가 혹시나 하고 숙명여대 앞에서 그렇게 놀았던 것도?!

JACK 혹시나는 또 뭐니? 없어 보이게스리… 쯧!

Fate works in a strange way.
운명은 종잡을 수 없다. 〈서양속담〉

⊙⊙ **어휘 Plus**　◀ work 작용하다　▶ vocal 목소리의, 가수
　　　　　　　　　strange 이상한　　call 부르다
　　　　　　　　　way 방법, 방식　　regard 여기다

vocation [voʊˈkeɪʃn]

어원 **voca**(re) [부르다] + **tion** 「명접」

명사 직업, 천직, 소명

JACK 소명의식을 가지고 열심히 일한다고 할 때 소명이란 말이 한자로 부를 소(召)에 목숨 명(命)이야. 나의 운명이 신에 의해 말해졌다는 의미지. 그래서 내가 하는 일이 내 운명인 것처럼 열심히 하겠다는 의미인데, 재미있는 것은 대개 직업을 이야기할 땐 job이란 단어를 쓰잖아? 그런데 직업 중에서도 천직을 이야기할 때는 vocation[보우케이션]이라고들 하지. 어근이 vocare인데 '부르다(call)'라는 뜻이야.

JUNE '목소리'를 뜻하는 영단어 보이스(voice)도 관련이 있는 거야? 보컬(vocal)은?

JACK 물론이야. vocation, voice, vocal 모두 같은 어원이야. '말하다(to speak)'에서 시작했는데 '부르다(call), 직업, 소명(vocation)' 그리고 '목소리(voice), 목소리의, 가수(vocal)' 등으로 의미가 세분화된 것이지.

I regard this writing job as a vocation.
나는 이렇게 글 쓰는 일을 천직으로 생각해.

pregnant ['pregnənt]

□ □ □

어원 pre [앞, 미리] + gene [탄생] + ant 「명/형접」

명사 임산부 **형용** 임신한

JUNE kid에서 infant 이야기하다가 vocation까지 왔네. infant보다 더 어린 '태아'는 뭐라고 해?

JACK 배 속의 태아를 의미하는 fetus[피터스]라는 단어가 있는데 '임신, 출산, 새끼'를 의미하는 라틴어 fetus를 그대로 쓰고 있어. 물론 임신이라고 하면 pregnant[프레그넌트]가 가장 먼저 떠오를 거야. 그리고 이 pregnant에도 중간에 탄생과 관련한 gene이 살짝 보이지? 접두어 pre의 의미까지 더해서 해석을 해보면 '낳기 전'의 뜻이란 걸 알 수 있어.

Leave seats for pregnant women.
임산부들을 위해 자리를 비워두세요.

⊙~⊙ **어휘 Plus**
fetus 태아
leave 놓아두다

genesis [ˈdʒenəsɪs]

어원 gene [탄생]

명사 발생, 창세기, 기원

JUNE gene이 참 많은 단어 속에 들어 있구나! 난 그냥 제네시스 (genesis) 같은 것만 떠오르는데.

JACK 좋은 예인걸? genesis는 '기원, 발생'이란 뜻인데 '창세기'도 genesis라고 하지. 세상이 시작된다는 거잖아. 그러니 앞서 말한 pregnant는 '새로운 생명을 탄생시키기 전'이란 뜻이 되니까 실로 성스럽고 거룩한 단어라 할 수 있어.

JUNE 난 그냥 자동차 제네시스를 말한 건데….

This is the genesis of the horrible event.
이것이 바로 그 끔찍한 사건의 시작이다.

⊙-⊙ 어휘 Plus
horrible 끔찍한, 무서운
event 사건

REVIEW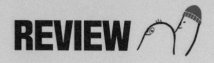

접두어 prefix	어근 root	접미어 suffix
	gene (탄생)	
pre (앞, 미리)		ant
	kid ('새끼염소'에서 유래)	
	kid (아이) + nab의 변형 (붙잡다)	
in (부정(not))		nt
	fa(ri) (말하다)	
	voca(re) (부르다)	tion

단어
vocabulary

kind	몡 종류 휑 친절한
kin	몡 친척, 민족
pregnant	몡 임산부 휑 임신한
genesis	몡 발생, 창세기, 기원
kid	몡 아이, 어린이 통 놀리다, 농담하다
kidnap	통 납치하다, 유괴하다
infant	몡 유아, 아기
fable	몡 동화, 우화
fate	몡 운명, 숙명
vocation	몡 직업, 천직, 소명

QUIZ

1. Thank you for your (   ) help.
   친절한 도움에 감사드립니다.

2. He is (   ) with me.
   그는 나와 친척이야.

3. Are you (   ) me?
   지금 농담하시는 거죠?

4. Don't even think about (   )!
   유괴 따윈 꿈도 꾸지 마!

5. I was an (   ) prodigy.
   나는 어릴 때 신동이었어.

6. I liked to read Aesop's (   ).
   나는 이솝 우화 읽기를 좋아했다.

7. (   ) works in a strange way.
   운명은 종잡을 수 없다.

8. I regard this writing job as a (   ).
   나는 이렇게 글 쓰는 일을 천직으로 생각해.

9. Leave seats for (   ) women.
   임산부들을 위해 자리를 비워두세요.

10. This is the (   ) of the horrible event.
    이것이 바로 그 끔찍한 사건의 시작이다.

LESSON

17

blow	불다
ori-	아침 해가 뜨는 쪽

bladder [ˈblædə(r)]

어원 **blow** [불다]
명사 방광

JACK 옛날엔 돼지 방광을 축구공 삼아 차고 놀았다는군. 그래서 꼭 돼지 방광이 아니더라도 안이 비어 있어 부풀 수 있는 가죽 주머니 형태의 것들도 bladder[블래더]라고 부르게 되었어.

JUNE 이를테면 물고기가 떠오르도록 해주는 부레 같은 것?

JACK 맞아. '부레'를 air bladder라고 하지. 부레처럼 생긴 '쓸개'를 gall bladder[고얼 블래더]라고 하고.

I had a hard time holding my bladder.
소변 마려운 걸 참느라 고생했어.

⊙–⊙ **어휘 Plus**
air bladder 부레
gall bladder 쓸개, 담낭
hold 잡다, 버티다

blow [blou]

□ □ □

어원 bhle [불다]

동사 불다 **명사** 타격

JACK bladder가 방광이나 부레처럼 부풀어 오르는 것이니까, 그 어원이 blow인 건 자연스럽게 이해되지? 우리말로도 '불다'라고 하니까 발음도 뜻도 비슷해. blow 자체의 어원은 인도유럽조어로 bhle-인데 그야말로 '불-(다)'과 관련 있는 단어처럼 보일 거야.

JUNE 그래서 그렇게 만든 공을 '볼'이라고 하나?

JACK 둥근 모양의 작은 물체를 ball이라고 하는데 blow의 어원과 관련이 있다고 보기도 해. 그리고 blow는 명사로 사용될 때 '강한 타격'을 의미하기도 해. 주먹질 같은 표현에도 blow를 사용하기도 하지.

He blew a balloon for his daughter.
그는 딸을 위해 풍선을 불어주었다.

⊙–⊙ **어휘 Plus**
daughter 딸

balloon [bəˈluːn] □ □ □

어원 ballon 또는 pallone에서 유래

명사 풍선, 열기구

JACK ball이 작은 공 모양이라면 큰 공 모양은 balloon[벌룬]이라고 해. 프랑스어 ballon 혹은 이탈리아어 pallone에서 유래했다고 보는데, 하여간 영어에서는 광고용으로 띄우는 애드벌룬 (ad balloon)이나 사람이 탑승할 수 있는 커다란 열기구를 의미하는 단어로 사용하고 있지.

JUNE 이쯤 되니 ball이 들어 있는 발레(ballet)나 발라드(ballad)도 궁금한데?

JACK 그 단어들은 어원이 달라서 혼란스러울 수는 있는데, 사실 ball에는 '작은 구형'의 의미 외에 '던지다(to throw)'라는 유래가 다른 의미가 있어. 고대 그리스에서 사람을 던지는 수준의 대단히 과격한 춤을 보고 '던지다'에서 '춤을 추다'로 그 의미가 바뀌면서 발레(ballet) 같은 춤에도, 춤을 추기 위한 발라드 (ballad) 음악에도 ball이 포함되게 되었지.

JUNE 그래도 ball에 '던지다'의 의미가 있으니 야구공처럼 던지는 공을 ball이라고 부른 것과 무관하진 않구나.

The balloon suddenly went pop.
풍선이 갑자기 펑 하고 터졌다.

buoy [ˈbuːi]

어원 buie [고대 프랑스어: 부표]

명사 부표　**동사** 뜨다

JACK 해수욕장에 가보면 더 나가지 말라고 바다 중간에 둥둥 떠워 놓은 '부표'를 발견할 수 있는데 이걸 영어로 buoy[부이]라고 해. 수면 위의 특정 위치에 고정되어야 하니까 바다에 묶어서 떠워야 했는데 그러다 보니 고대 프랑스어인 boie(묶어놓다)에서 유래했다는 이야기도 있어.

JUNE buoy와 관련 있는 단어엔 어떤 것들이 있어?

JACK buoy가 들어 있는 단어들을 보면 대부분 떠 있는 것과 관련이 있는데 다음 단어에서 설명해줄게.

He swam out to the buoys.
그는 부표까지 수영을 해서 갔다.

⊙─⊙ **어휘 Plus**

◀ ad balloon 애드벌룬(광고 풍선)
suddenly 갑자기
go pop 펑 하고 터지다

buoyant [ˈbuːjənt]

□□□

어원 **buoy** [뜨다] + **ant** 「형접」

형용 물에 뜨는, 활황의, 쾌활한

JACK 요즘 네가 영단어에 완전히 자신감이 넘치잖아. 그렇게 '쾌활하거나 기분이 붕 떠 있는' 상태를 buoyant[부-연트]라고 해. 대상을 사람이 아닌 경제로 놓고 쓰면 경기가 '활황인' 상태를 의미하고. buoy에서 유래한 단어이니만큼 '물에 뜨는 힘을 가진' 것에도 당연히 사용하지. 명사형은 buoyancy고 '부력, 쾌활함, 상승 경향' 등의 뜻이야.

JUNE 경기 활황으로 주가 곡선이 위로 붕 떠 있는 아름다운 그림이 연상되는군.

Korea is experiencing an incredibly buoyant economy.
한국은 놀라운 경제 활황을 경험하고 있다.

⊙-⊙ 어휘 Plus
buoyancy 부력, 쾌활함, 상승
experience 경험
incredibly (믿을 수 없을 만큼) 놀랍게
economy 경제

Asia [ˈeɪʒə]

□ □ □

어원 asu [희랍어: 나가다, 해가 뜨다]

명사 아시아

JACK 각 단어는 고유의 스토리를 가지고 있어. Asia라는 단어를 예로 들어보면, 희랍어 asu가 그 어원으로 '밖으로 나가다, 위로 오르다'의 의미가 있어. 일본어로 아침을 '아사(asa)'라고 하는데 아침에 해가 위로 떠오르기 때문에 '아사'라고 한다는 주장도 있지. 단군 할아버지가 정한 도읍지 아사달의 아사도 이처럼 해 뜨는 곳이라는 주장도 있고. 아사의 한자가 중국어 발음으로도 asu로 나기 때문에 더더욱 그럴듯해 보이는 추론이지. 아무튼 그렇게 해가 '뜨는' 동쪽의 땅이란 의미의 Asia는 바로 이 asu에서 비롯되었다는 거야.

JUNE 아사에 대해서 잘 아는구나, '아싸'라서 그런가?

Korea is the hub of Asia.
한국은 아시아의 중심이다.

⊙-⊙ **어휘 Plus**
hub 중추, 중심지

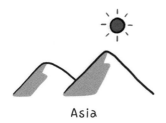

Asia

Orient [ˈɔːrient]

☐ ☐ ☐

어원 **ori**(ri) [라틴어: 오르다, 일어나다, 시작하다] + **ent**

명사 동양

JACK asu와 마찬가지로 '오르다'의 뜻을 가진 라틴어 oriri가 있어. 우리말 '오르리'와 비슷하지 않니? oriri가 이처럼 떠오르는 것을 의미하다 보니 태양이 떠오르는 동쪽을 의미하게 되었고 그래서 동양을 Orient[오리엔트]라고 해.

JUNE 지구는 둥근데 동양, 서양 개념은 유럽 사람들의 기준 아닐까?

JACK 그렇긴 해. 그리스인들이 자기들을 기준으로 동쪽에 있는 터키를 포함하여 그 너머의 지역을 동양이라고 표현한 거니까.

Rice is the typical food in the Orient.
쌀밥은 동양의 전형적인 음식이다.

⊙–⊙ **어휘 Plus**
typical 전형적인

orientation [ˌɔːriənˈteɪʃn]

☐ ☐ ☐

어원 orient [해 뜨는 동쪽] + tion 「명접」

명사 지향, 방향, 오리엔테이션

JACK orientation[오리엔테이션]이라는 단어는 어근인 orient에 들어 있는 '해 뜨는 동쪽'이라는 뜻 때문에 '방향' 자체라는 의미로 사용하게 되었어. 사람들이 어떤 일의 방향을 잘 잡을 수 있도록 하기 위해 실시하는 예비 교육을 오리엔테이션이라고 하잖아? 바로 '방향 제시'의 의미 때문이야. 그래서 orient가 동사로 사용되면 '방향을 잡아주다, 맞추다'의 뜻이 되고, '어느 한쪽을 지향하는'의 의미로 oriented[오리엔티드]라는 표현도 많이 써.

JUNE 방향을 잃고 헤맬 때 그래서 오리무중이라고 하나?

There will be an orientation for incoming freshmen.
1학년 신입생들을 위한 오리엔테이션이 있을 예정이다.

⊙–⊙ **어휘 Plus**
oriented ~을 지향하는
incoming 새로 들어오는
freshman 신입생

origin [ˈɔːrɪdʒɪn]

☐ ☐ ☐

어원 **ori**(ri) [라틴어: 오르다, 일어나다, 시작하다]

명사 기원, 시작

JUNE 하여간 어원인 oriri가 핵심적인 역할을 하는구나.

JACK oriri에는 앞에서 설명한 '오르다'라는 뜻 외에 '시작하다'라는 의미도 담겨 있어. 해 뜨는 아침은 하루의 시작이니까 쉽게 유추할 수 있겠지? 그리고 '시작, 기원, 유래'를 영어로 origin[오리진]이라고 하잖아. 이 단어의 어원도 orient와 같은 oriri야. 형용사형은 original[오리지널]인데 잘 알다시피 '태초의, 원래의'라는 뜻이고, 같은 철자로 '원래의 것'이라는 명사로도 쓰여.

JUNE 오리지널은 짝퉁의 반대말인 줄로만 알았는데 '원래의 것'이란 뜻이었구나.

I'm interested in the origin of words.
나는 단어의 기원에 관심이 있다.

⊙–⊙ **어휘 Plus**
be interested in ~에 관심 있다

aborigine [ˌæbəˈrɪdʒəni]

어원 **ab** [~로 부터] + **origin** [기원, 시작]

명사 원주민

JUNE 호주의 원주민들을 특히 '애보리진'이라고 하던데 이것도 origin과 관계가 있을까?

JACK 물론이야. 접두어 ab는 '~로 부터'라는 뜻인데 '원래의 것 (origin)으로부터 비롯된', '떨어져 나온' 정도로 해석할 수 있어. 원래 거주하던 사람들이란 뜻이지. 그리고 영어식 발음은 '애버리저니'에 가까워.

JUNE 그렇게 자꾸 발음 지적질을 하니까 '애 버리잖니'!

The Aborigines were the first people to live in Australia.
애버리저니들은 호주에 가장 먼저 정착해 살던 사람들이다.

REVIEW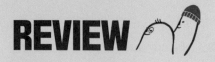

접두어 prefix	어근 root	접미어 suffix
	blow 〔불다〕	
	bhle 〔불다〕	
	ballon 또는 **pallone**에서 유래	
	buie 〔고대 프랑스어: 부표〕	
	buoy 〔뜨다〕	ant
	asu 〔희랍어: 나가다, 해가 뜨다〕	
	ori(ri) 〔라틴어: 오르다, 일어나다, 시작하다〕	ent
	orient 〔해 뜨는 동쪽〕	tion
ab 〔~로 부터〕	**origin** 〔기원, 시작〕	

단어
vocabulary

bladder	명 방광
blow	통 불다　명 타격
balloon	명 풍선, 열기구
buoy	명 부표　통 뜨다
buoyant	형 물에 뜨는, 활황의, 쾌활한
Asia	명 아시아
Orient	명 동양
origin	명 기원, 시작
orientation	명 지향, 방향, 오리엔테이션
aborigine	명 원주민

QUIZ

---

1. I had a hard time holding my (   ).
소변 마려운 걸 참느라 고생했어.

---

2. He (   ) a balloon for his daughter.
그는 딸을 위해 풍선을 불어주었다.

---

3. The (   ) suddenly went pop.
풍선이 갑자기 펑 하고 터졌다.

---

4. He swam out to the (   ).
그는 부표까지 수영을 해서 갔다.

---

5. Korea is experiencing an incredibly (   ) economy.
한국은 놀라운 경제 활황을 경험하고 있다.

---

6. Korea is the hub of (   ).
한국은 아시아의 중심이다.

---

7. Rice is the typical food in the (   ).
쌀밥은 동양의 전형적인 음식이다.

---

8. There will be an (   ) for incoming freshmen.
1학년 신입생들을 위한 오리엔테이션이 있을 예정이다.

---

9. I'm interested in the (   ) of words.
나는 단어의 기원에 관심이 있다.

---

10. The (   ) were the first people to live in Australia.
애버리지니들은 호주에 가장 먼저 정착해 살던 사람들이다.

LESSON 18

man-	손
deks-	오른쪽

manual [ˈmænjuəl]

어원	**man**(us) [손] + **al** 「명/형접」

명사 소책자, 규정   **형용** 수동의

JACK 이번엔 손과 관련된 단어를 이야기해볼게. 자동차 기어가 수동이면 manual[매뉴얼] 방식이라고 하잖아? 이 단어의 어근인 man- 부분이 바로 hand의 의미야. 또 손으로 하는 일은 결국 몸을 쓰는 것이기 때문에 manual labor[레이버]라고 하면 '육체노동'이 되지.

JUNE 손 안에 들어오는 작은 책자나 설명서를 그래서 manual이라고 하나?

JACK 맞아. 옛날 성직자들이 지니고 다니던 조그마한 책자를 manuel이라고 한 것에서 유래한 단어야. 손에 들고 다닐 수 있는 작은 크기여서 붙이게 된 이름이지.

This has a manual gear shift.
이것은 수동 기어변속 자동차이다.

Man-은 '손'
그래서 '맨손'?

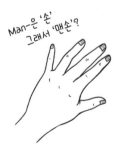

⊙-⊙ **어휘 Plus**

◀ labor 노동
  gear 기어
  shift 이동하다

▶ stress 스트레스, 압박, 긴장

manage [ˈmænɪdʒ] ☐ ☐ ☐

어원 **man**(us) [손] + **age** 「동접」
동사 관리하다, 다루다

JUNE manage[매니지]는 어째서 손과 관련 있는 단어라고 나오는 거야?

JACK manage는 원래 '손'으로 '말'을 다룬다는 것에서 비롯된 단어야. 그것이 지금 일반적인 '다루다'의 의미로 확대된 것인데, 아무래도 '말'이란 동물을 길들이고 다루기 위해선 정교한 손기술이 필요했을 것이고 손도 많이 갔을 거야. 그러다 보니 아주 옛날 manage의 의미엔 '다루다, 훈련시키다, 감독하다, 명령하다' 등의 의미도 있었고 심지어 고대 프랑스어로는 '승마술'이라는 뜻까지 있었는데 지금은 '말'과는 상관없이 동물이든 물건이든, 심지어 손으로든 발로든 상관없이 그냥 '다루다'라는 의미로 사용되고 있어. 그리고 현대에 와서는 어떻게든 '용케 일을 해내다'라는 의미로 더 많이 사용되고 있으니 잘 기억해둬.

How do you manage your stress?
스트레스는 어떻게 관리하세요?

얼흠Tip 말(horse)과 관련한 표현 하나 더! 차를 세워달라고 말할 때 Pull over here라는 표현을 종종 쓰는데 원래 말을 달리다 멈추고자 할 때 고삐를 몸 쪽으로 잡아당기는(pull over) 데서 유래한 표현이다. 자동차에 고삐가 없는 현대에도 여전히 사용하고 있다.

maintain [meɪnˈteɪn]

□□□

어원 **man**(us) [손] + **tenere** [잡다]

동사 유지하다

JACK maintain[메인테인]은 중간에 고대 프랑스어인 maintenir를 거친 단어이다 보니 man-이 약간 변형되어 main의 형태를 가지고 있긴 하지만, 여기서도 마찬가지로 main-은 '손'의 의미야. -tain은 '잡다', 즉 '손으로 잡다'의 의미이고. 그래서 무엇인가를 '꽉 쥐고 있다, 유지하다'라는 뜻이 되는데 현재 상태를 변함없이 유지한다는 뉘앙스가 들어 있어.

JUNE 사람을 꽉 붙들고는 놓지 않는 것에도 사용해?

JACK 기본적으로 maintain은 어떠한 상황을 유지하는 데 사용하는 터라 사람이 목적어가 될 땐 '부양하다'라는 의미로 주로 사용하고 있어.

It costs a lot to maintain a car like this.
이런 자동차는 유지하는 데 많은 비용이 소요된다.

⊙-⊙ **어휘 Plus**
cost 비용이 들다, 비용
lot 많은

maintenance ['meɪntənəns] □ □ □

어원 **man**(us) [손] + **tenere** [잡다] + **ance**

명사 유지, 정비, 부양

JACK maintain의 명사형은 maintenance[메인터넌스]인데 일상생활에서 많이 사용하는 단어야. 아파트 관리비(maintenance fee)라든가 자동차 유지비(car maintenance), 시설 정비(facility maintenance), 유지보수 작업(maintenance work) 등 현 상태를 '유지'하는 것에 자주 등장해. 앞에서 말한 것처럼 사람을 부양하는 데도 쓰여서 '양육비'를 child maintenance라고 하지.

JUNE 아이를 변함없이 기를 수 있도록 지급해야 하는 비용을 의미하는 것이군.

The accident was due to poor maintenance.
그 사고는 정비 불량으로 인한 것이다.

 어휘 Plus
facility 시설
accident 사고
due to ~때문에

manipulate [məˈnɪpjuleɪt]

□ □ □

어원 **man**(us) [손] + **ple**(re) [채우다] + **ate** 「동접」

동사 조작하다, 조종하다

JACK manipulate[머니플레이트]는 '(손으로) 조종하다, 조작하다'의 의미
인데 사용할 때 좀 신경 써야 할 단어라고 할 수 있어. 목적어
가 사람이나 사건이 될 때는 뭔가 교묘하고 구린 느낌을 주는
동사로 사용되기 때문이야. 우리말의 느낌과도 같아. 뒤에서
'사람을 조종하다, 사건을 조작하다'라고 하면 왠지 배후의
힘이 느껴지잖아. -pul 부분은 full(가득 찬)과 비슷해 보이지?
fill(채우다)의 의미인데 손으로 뭔가를 채운다, 목적을 달성하
여 처리한다는 의미를 담고 있어.

JUNE 좋은 의미로 사용되는 경우는 없어?

JACK 기계를 조종한다고 할 때는 능숙하게 다룬다는 의미이니까
좋은 의미로 봐야겠지?

Do not let her manipulate you.
그녀가 너를 조종하게 내버려두지 마.

⊙─⊙ 어휘 Plus ◀ fill 채우다 ▶ handcuffs 수갑
cuff 소맷동
cufflinks 소맷동 장식
wrist 손목

manacles ['mænəklz]

어원 manicula [손잡이, 작은 손]
명사 수갑

JACK manacles[매너클즈]는 '수갑'을 뜻하는 단어야. 접미어 -cle 부분은 '작은 것'을 지칭하는 '지소사'이기 때문에 '손과 관련한 작은 도구'란 뜻이 있어. 수갑은 양손에 차는 것이니까 복수형 -s를 붙여서 manacles라고 하는 거지.

JUNE 영화 속에서는 수갑을 handcuffs[핸드커프스]라고 많이 쓰던데?

JACK handcuffs는 누가 먼저 사용한 말인지는 모르겠지만 글자 그대로 손(hand)을 못 쓰도록 손목(cuffs)을 채운다는 뜻으로 보여. 여하튼 cuff는 소매 끝부분을 의미하는데 마찬가지로 양쪽이니까 cuffs라고 하고 와이셔츠의 소맷단에 다는 장식을 cufflinks[커프링크스]라고 해.

JUNE 헉! 그럼 커프스버튼(cuff's button)은 뭐야? 쇼핑몰에서도 그렇게 검색이 되던데?

JACK 콩글리시야. 커프링크스(cufflinks)라고 해야 해. 중간의 크 발음은 약하게.

cufflinks

A police officer put manacles on his wrists.
경찰관이 그의 손목에 수갑을 채웠다.

emancipate [ɪˈmænsɪpeɪt] □□□

어원	e(x) [밖] + man(us) [손] + capere [잡다] + ate 「동접」
동사	해방하다, 석방하다

JACK emancipate[이맨시페이트]는 '해방하다'의 뜻을 가진 동사인데 이제 접두어 e는 반갑지? ex의 변형으로서 '밖'이라는 뜻이 고, man-은 '손' 그리고 cip- 부분은 아주 중요한 어근인데, '잡다'의 뜻이 있어. 라틴어 capere에서 유래되었는데, 일단 정리해보면 '손(man-)으로 잡고(cip-) 있던 것을 밖(ex)으로 놓아주다'라는 의미가 돼. 즉, '해방하다'라는 뜻이 되는 거지. 명사형은 emancipation[이맨시페이션]으로 어떤 속박으로부터의 '해방'을 의미하는 단어야.

JUNE 링컨 대통령이 선포한 노예해방선언(Emancipation Proclamation)에서 본 적이 있어.

JACK 전생에 직접 들어본 느낌은 아니고?

Lincoln emancipated the slaves.
링컨은 노예를 해방했다.

◉-◉ 어휘 Plus
emancipation 해방
proclamation 선언, 선언서
slave 노예

demand [dɪˈmænd]

☐ ☐ ☐

어원 de [완전히] + mand(are) [명령하다]

동사 요구하다 **명사** 수요

JACK demand[디맨드]는 '요구하다'라는 뜻인데, mand 부분이 '명령하다'여서 '공식적으로 주문하다'라는 의미가 되지. 어원상 mand 속에도 손(man-)이 들어 있는데 손을 내밀며 요구하는 이미지를 떠올리면 이해하기 쉬울 거야.

'요구하다'라는 해석만 생각하면 요구하는 입장이 뭔가를 원하는 '을'의 위치처럼 여겨질 수 있는데 원래는 손(man-)으로 지시하면서 이것저것 요구하는 '갑'의 명령에서 비롯된 것이라 강한 어조의 '요구하다'라는 의미로 이해해야 돼. '완전히'의 뜻을 가진 접두어 de가 강한 어조를 뒷받침한다고 볼 수 있지.

JUNE 하긴, 뭔가를 요구할 때 손을 내밀지 발을 내밀 순 없잖아?

You are making a ridiculous demand.
너는 지금 말도 안 되는 요구를 하고 있어.

⊙-⊙ **어휘 Plus**
ridiculous 웃기는, 터무니없는

dexterous [ˈdekstrəs]

☐ ☐ ☐

어원 dexter [오른손] + ous「형접」

형용 솜씨 좋은, 손재주가 있는

JACK '손'과 관련한 단어를 계속 살펴보고 있는데 특히 '오른손'만 의미하는 단어가 있어. dexterous[덱스트러스]는 '솜씨 좋은'이란 뜻이고 아주 손재주가 뛰어난 사람을 표현할 때 쓰는 형용사 야. 솜씨가 좋은 이유는 바로 오른손으로 하기 때문이지. 물론 나처럼 왼손잡이(lefty)의 경우엔 오른손으로 하라면 오히려 잘하지 못할 것 같은데 말이지.

JUNE 내 말이 그거야. 왼손으로도 잘하는 사람이 있는데 왜 '오른손'에만 '솜씨 좋은'이라는 의미가 있냐는 거지.

JACK 영어의 right[라이트]에는 '오른쪽'과 '옳다'의 의미가 모두 있잖아. 심지어 우리말도 '옳은'을 발음대로 읽으면 '오른'이 되지? 두 단어는 실제 다른 의미이지만 결국 같은 뜻에서 유래한 것으로 본다는 거야. 그러다 보니 dexterous는 서투른 왼손을 쓰는 것이 아니라 '올바른 오른손을 쓰기 때문에 (왼손에 비해 상대적으로) 잘한다'라고 인식하는 동서양 사람들의 뿌리 깊은 생각에서 비롯된 표현이라 할 수 있지.

How dexterous you are!
솜씨가 보통이 아닌데!

ambidextrous [ˌæmbiˈdekstrəs] ☐ ☐ ☐

어원 ambi [양쪽] + dexter [오른손] + ous 「형접」

형용 양손잡이인

JACK 너 요즘 영어 실력이 폭등하고 있으니까 어려운 문제를 한번 내볼게. ambidextrous[앰비덱스트러스]라는 단어의 뜻은? ambi- 는 '양쪽'의 의미를 가진 접두어야.

JUNE 양쪽의 뜻이 있으니 두 손 모두 오른손이란 말이잖아. 양쪽 손의 기술이 모두 좋으니 '양손잡이'를 표현하는 형용사겠지. 그런데 dexterous 부분이 좀 달라졌네?

JACK 맞아! ambidextrous에 와서는 철자가 살짝 달라졌지. 와우, 매의 눈인데?

JUNE 왜, 놀랐니? 그렇다고 칭찬하지 마, 어색해.

I'm ambidextrous.
난 양손잡이야.

⊙-⊙ **어휘 Plus**

◀ lefty 왼손잡이

REVIEW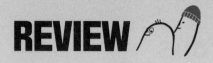

접두어 prefix	어근 root	접미어 suffix
		al
	man(us) 〔손〕	age
	man(us)〔손〕 + tenere 〔잡다〕	
		ance
	man(us)〔손〕 + ple(re) 〔채우다〕	ate
	manicula 〔손잡이, 작은 손〕	
e(x) 〔밖〕	man(us)〔손〕 + capere〔잡다〕	ate
de 〔완전히〕	mand(are) 〔명령하다〕	
	dexter 〔오른손〕	ous
ambi 〔양쪽〕		ous

단어
vocabulary

manual	몧 소책자, 규정 몧 수동의
manage	몧 관리하다, 다루다
maintain	몧 유지하다
maintenance	몧 유지, 정비, 부양
manipulate	몧 조작하다, 조종하다
manacles	몧 수갑
emancipate	몧 해방하다, 석방하다
demand	몧 요구하다 몧 수요
dexterous	몧 솜씨 좋은, 손재주가 있는
ambidextrous	몧 양손잡이인

QUIZ

1. This has a (　　　　) gear shift.
이것은 수동 기어변속 자동차이다.

2. How do you (　　　　) your stress?
스트레스는 어떻게 관리하세요?

3. It costs a lot to (　　　　) a car like this.
이런 자동차는 유지하는 데 많은 비용이 소요된다.

4. The accident was due to poor (　　　　).
그 사고는 정비 불량으로 인한 것이다.

5. Do not let her (　　　　) you.
그녀가 너를 조종하게 내버려 두지 마.

6. A police officer put (　　　　) on his wrists.
경찰관이 그의 손목에 수갑을 채웠다.

7. Lincoln (　　　　) the slaves.
링컨은 노예를 해방했다.

8. You are making a ridiculous (　　　　).
너는 지금 말도 안 되는 요구를 하고 있어.

9. How (　　　　) you are!
솜씨가 보통이 아닌데!

10. I'm (　　　　).
난 양손잡이야.

LESSON

19

ped, pes 발

biped ['baɪped]

☐ ☐ ☐

어원 bi [둘(2)] + ped [발]

형용 두 발 달린   **명사** 두 발 동물

JACK 이번엔 '발'의 의미를 가진 어근 ped에 대해서 알아볼 거야. 혹시 ped가 들어가는 단어들 중 생각나는 것 있음 말해볼래?

JUNE 너무 놀라지는 마. 가장 직관적인 것으로 페달(pedal)이 있어. 자전거 페달, 피아노 페달, 자동차 브레이크 페달. 모두 발로 밟는 부분이잖아. 어때? 너보다 낫지?

JACK 응, 나보다 낫어. 그 ped 앞에 숫자 2를 의미하는 bi를 붙이면 biped[바이페드]가 되는데, '두 개의 발', 즉 '두 발 달린' 또는 '두 발 동물'을 뜻해. 인간이 바로 두 발 달린 biped에 속하지. 참고로 ped 외에 pes, pus, pod 같은 발을 의미하는 몇 가지 변형된 어근들도 있으니 함께 알아두면 좋아.

Bears are enormous when they turn biped.
곰이 두 발로 일어서면 엄청나게 크다.

⊙–⊙ **어휘 Plus**
pedal 페달
enormous 거대한

pedicure [ˈpedɪkjʊr]

어원 ped [발] + curare [돌보다]

명사 발(톱) 관리

JACK 지난번에 손(man-)과 관련한 단어들을 알아보았는데 손톱에 바르는 매니큐어로 더 잘 알려진 매니큐어(manicure)는 사실 손(mani-)을 돌본다(care)는 의미에서 전반적인 손 관리를 지칭하는 단어야. 그렇다면 pedicure[페디큐어]는 무슨 뜻이겠니?

JUNE 이제 그 정도는 누워서 떡 먹기야. 발 관리! 맞지?

JACK 그래, 맞았어. 그리고 누워서 떡 먹는 거 은근히 힘들어.

Why don't you get a pedicure?

발 관리 좀 받아보지 그래?

tetrapod ['tetrəpɑd] □□□

어원 **tetra** [넷(4)] + **pod** [발]

명사 네 발 짐승, 테트라포드

JACK pod도 발이란 뜻이야. 여기에 희랍어로 4를 의미하는 tetra 를 붙이면 tetrapod[테트러파드], '네 발 짐승'이라는 뜻이야. 물론 다리 네 개 달린 사물을 의미하기도 하고.

JUNE 해안가에서 방파제 역할을 하는 다리 네 개 달린 콘크리트 덩어리도 테트라포드라고 하잖아! 그래서 그렇게 부르는 거였군!

JACK 맞아. 그것 말고도 삼각뿔 모양의 우유팩을 Tetra Pak[테트라팩] 이라고 하는데 삼각뿔이지만 면이 네 개인 사면체 구성이기 때문에 테트라팩이라고 해. 대문자로 표시하고 pak이 pack 이 아닌 이유는 상표명이기 때문이야. 그리고 네 개의 사각형 조합으로 이루어진 도형을 이용한 세계적인 게임 테트리스 도 바로 네 개의 사각형이란 말에서 유래한 것이지.

Tetrapod is a four-footed animal.
테트라포드란 네 발 달린 동물을 말한다.

ⓞ-ⓞ **어휘 Plus**
foot 발
animal 동물

octopus [ˈɑːktəpəs] ☐☐☐

어원 octo [여덟(8)] + pus [발]

명사 문어, 낙지

JACK octopus[악터퍼스]의 pus도 '발'이란 뜻이야. octo는 숫자 8을 의미하니까 합해서 발이 여덟 개 달린 문어를 말하지. 8을 품고 있는 October[악토버]가 '10월'인 이유는 로마제국의 카이사르가 좀 더 정확한 새로운 달력체계를 확정하면서 그 이전까지 1년에 10개월이던 것이 12개월로 재편되는 바람에 두 달이 밀려나서 그렇게 된 거야. 당시엔 1월이었던 March 앞에 두 달(January, February)을 집어넣었는데 그 때문에 March부터 3월로 바뀌면서 두 달씩 뒤로 밀린 거지.

JUNE 그렇군. 그럼 문어처럼 다리 여덟 개 달린 주꾸미나 낙지 같은 애들은 뭐라고 해?

JACK 딱히 선호하는 음식이 아니었던지 마당쇠 부르듯 octopus로 문어와 똑같이 부르고 있어. 참고로 오징어는 squid[스퀴드], 갑오징어는 cuttlefish[커틀피시]라고 해.

Octopus has suckers.
문어는 빨판을 가지고 있다.

⊙─⊙ 어휘 Plus

October 10월
squid 오징어
cuttlefish 갑오징어
sucker 빨판

centipede ['sentɪpiːd]

□ □ □

어원 **cent**(um) [백(100)] + **ped** [발]

명사 지네

JACK centi 하면 센티미터가 생각나지? 1센티미터는 1미터의 100분의 1이니까 centi는 숫자 100과 관련이 있어. century[센츄리]도 100년을 의미하잖아. 또 요즘 같은 100세 시대에는 나이가 100세 이상인 사람을 centenarian[센티네리언]이라고 부르기도 하지. 그러니까 centipede[센티피드], 즉 발이 100개 달린 동물이라면 뭐겠어? 바로 '지네'라는 뜻이야.

JUNE 하지만 지네 중에는 다리가 100개 이상인 것도 있고 그보다 적은 것도 있지만 딱 100개인 건 또 없다고 하던데, 왜 centipede라고 했을까?

JACK 글쎄다, 지네들 마음이지 뭐.

How many legs does a centipede exactly have?
지네는 정확하게 몇 개의 다리를 가지고 있을까?

⊙–⊙ **어휘 Plus**
centenarian 100세 이상의 노인
leg 다리
exactly 정확하게

pedestrian [pə'destriən] □ □ □

어원 pedester [걸어서 가는] + ian 「명/형접」

명사 보행자 **형용** 도보의, 재미없는

JACK pedestrian[퍼데스트리언]은 발로 걸어서 다닌다는 의미이기 때문에 형용사로는 '도보의', 명사로는 걷는 사람, 즉 '보행자'의 뜻이야. '횡단보도'를 pedestrian crossing이라고도 하지. 미국에선 그냥 간단히 crosswalk[크로스워크]라고 해. 그리고 '보행자'라는 단어가 주는 밋밋함 때문에 pedestrian은 '무미건조한, 재미없는, 평범한' 등의 뜻으로도 많이 사용하는데 dull[덜] (따분한, 재미없는)과 비슷한 단어라고 생각하면 돼.

JUNE ped를 '발'에만 국한해서 생각할 게 아니라 관련된 의미로 확장해보면 단어의 뜻을 유추하는 능력이 더욱 향상되는 것 같아. 발, 다리, 걷다 하는 식으로 말이야.

JACK 이를테면 pedometer[페다미터](만보계)는 걸음의 수를 측정하는 도구임을 유추할 수 있듯이 말이지. 이제 공부머리가 좀 생기나 본데? 아이큐 다시 재봐. 이번엔 진짜 100 넘을 것 같네!

Let's walk to the pedestrian crossing.
횡단보도로 건너자.

⊙-⊙ **어휘 Plus**
crosswalk 횡단보도
dull 따분한, 재미없는
pedometer 만보계

expedite [ˈekspədaɪt]

□ □ □

어원 ex [밖] + ped [발] + ite「동접」

동사 촉진하다, 신속히 처리하다

JACK expedite[엑스퍼다이트]는 좀 어렵지만 중요한 단어이니까 함께 어원을 풀어보자. ex는 '밖'이고, ped-는 '발', 어원상 발(ped)에 묶는 족쇄(fetter)나 사슬(chain) 같은 걸 라틴어로 pedis라고 하는데, expedite는 바로 이 족쇄(pedis)를 벗어나는 의미를 담고 있어서 일이 빨리 진행되도록 '촉진시키다'라는 뜻이야. 형용사는 expeditious[엑스퍼디셔스]로, '급속한, 신속한'의 뜻이지.

JUNE 단지 빠른 속도만 말하는 게 아니라 족쇄를 풀어주듯 방해요소들을 제거해주는 등 효율적인 과정을 통해 신속히 처리한다는 고급스러운 느낌의 단어로구나.

JACK 어원을 알면 그처럼 단어에 대해 좀 더 정확한 이미지를 가질 수 있어서 좋은 것 같아.

I want you to expedite this matter.
네가 이 문제를 신속하게 처리해주면 좋겠어.

⊙–⊙ 어휘 Plus

◀ fetter 족쇄
   expeditious 급속한, 신속한
   chain 사슬
   matter 문제
▶ fishing 낚시

expedition [ˌekspəˈdɪʃn]   □ □ □

어원 ex [밖] + ped [발] + tion 「명접」

명사 탐험, 원정

JACK expedition[엑스퍼디션]은 '탐험, 원정'의 의미를 가진 단어야. ex 는 경계선 밖(out)의 영역을 의미하기 때문에 내가 모르는 곳 으로 발(ped)을 내디딘다는 뜻을 내포하고 있어. 뭔가 미지의 영역으로 원정을 떠나거나 탐험하는 것에 적절한 단어라 할 수 있지. 물론 낚시처럼 목적성을 가진 여행에도 쓸 수 있어. 이때는 약간 재치 있는 표현이라 할 수 있지.

JUNE 난 또 expedition(탐험, 원정)이 마치 expedite(촉진하다)의 명 사형처럼 보여서 '촉진'인 줄 알았네. 품사 간의 연관성이 이 렇게 없을 수도 있나?

JACK 언어는 살아 숨 쉬는 생명체와 같아. 어디서 어떻게 사용되고 변화했는지에 따라 지역별로 시기별로 전혀 다른 뜻을 가지 게 되기도 하지.

I am going on a fishing expedition.
낚시 여행을 다녀오려고 해.

영쿨TIP 여행과 관련한 여러 가지 단어들. **trip** 관광, 출장 등 특정한 목적을 위한 짧은 여행. 갔 다가 돌아옴. **journey** 멀리 가는 여행, 여정. 돌아오지 않을 수도 있음. **tour** 관광을 위해 지역 을 방문하는 여행. **expedition** 탐험, 원정. **excursion** 단체로 떠나는 짧은 여행.

impede [ɪmˈpiːd] ☐☐☐

어원 in [안으로] + ped [발]

동사 방해하다, 지체시키다

JACK impede[임피드]라는 단어는 일의 진행을 '지연시키다, 방해하다'의 뜻이야. in의 변형인 접두어 im은 '안으로'의 뜻인데, 어원상 족쇄(pedis)에 발(ped)을 넣게 만들어 일을 더디게 한다는 것이지. 아무래도 발에 족쇄를 채우면 움직임이 느려질수밖에 없으니까 결국 '지연시키다, 방해하다'의 의미가 되는 거야.

JUNE 아, 우리말처럼 일상적으로 쓰는 딜레이(delay)와 비슷한 뜻이구나?

JACK 맞아, impede 쪽이 좀 더 적극적인 방해의 동작이 수반되는 느낌이 있기는 해.

The new regulation can impede our business.
새로운 규정이 우리의 사업을 지연시킬 수도 있어.

⊙─⊙ 어휘 Plus
delay 지연시키다, 미루다
regulation 규정
business 사업

274

pessimism [ˈpesɪmɪzəm]

□ □ □

어원 pes [발] + ism 「명접: 주의」

명사 비관주의

JACK pessimism[페시미즘]이 '비관주의'라는 건 들어봤을 텐데 이 단어가 '발'에서 나온 건 몰랐을 거야.

JUNE 응, 전혀!

JACK 우리 몸에서 발이 가장 아래쪽에 있잖아? 우리말로 '자존심이 땅바닥에 떨어졌다'라고 하듯이 뭔가 생각이 바닥으로, 가장 나쁜 쪽으로 향하는 것을 의미해. 그래서 pessimism은 비관주의, '비관주의자'는 pessimist[페시미스트]라고 하지.

JUNE 이런 말도 있지. 낙관주의자가 비행기를 만들고, 비관주의자가 낙하산을 만든다.

Economic pessimism is spreading.

경제 비관론이 확산하고 있다.

장사가 너무 잘될까 봐 걱정이야

그건 무슨 주의야?

⊙–⊙ 어휘 Plus

pessimist 비관주의자
economic 경제의
spread 퍼지다, 확산되다

REVIEW

접두어 prefix	어근 root	접미어 suffix
	ped〔발〕+ curare〔돌보다〕	
bi〔둘(2)〕		
cent(um)〔백(100)〕		
ex〔밖〕	ped〔발〕	ite
		tion
in〔안으로〕		
tetra〔넷(4)〕	pod〔발〕	
octo〔여덟(8)〕	pus〔발〕	
	pedester〔걸어서 가는〕	ian
	pes〔발〕	ism

단어
vocabulary

pedicure	몡 발(톱) 관리
biped	혱 두 발 달린 몡 두 발 동물
centipede	몡 지네
expedite	툉 촉진하다, 신속히 처리하다
expedition	몡 탐험, 원정
impede	툉 방해하다, 지체시키다
tetrapod	몡 네 발 짐승, 테트라포드
octopus	몡 문어, 낙지
pedestrian	몡 보행자 혱 도보의, 재미없는
pessimism	몡 비관주의

QUIZ

1. Bears are enormous when they turn (   ).
   곰이 두 발로 일어서면 엄청나게 크다.

2. Why don't you get a (   )?
   발 관리 좀 받아보지 그래?

3. (   ) is a four-footed animal.
   테트라포드란 네 발 달린 동물을 말한다.

4. (   ) has suckers.
   문어는 빨판을 가지고 있다.

5. How many legs does a (   ) exactly have?
   지네는 정확하게 몇 개의 다리를 가지고 있을까?

6. Let's walk to the (   ).
   횡단보도로 건너자.

7. I want you to (   ) this matter.
   네가 이 문제를 신속하게 처리해줬으면 좋겠어.

8. I am going on a fishing (   ).
   낚시 여행을 다녀오려고 해.

9. The new regulation can (   ) our business.
   새로운 규정이 우리의 사업을 지연시킬 수도 있어.

10. Economic (   ) is spreading.
    경제 비관론이 확산하고 있다.

LESSON

20

cap 머리

cap [kæp]

☐ ☐ ☐

어원 cap(ut) [머리]

명사 모자, 뚜껑, 최고점

JUNE 요즘 내 영어 실력이 짱 좋아졌어. 기분이 캡이야!

JACK 아재 냄새 폴폴 날리지 마라. 언제 적 유행어니? 물론 '캡(cap)'은 가장 높은 곳을 의미하는 단어라 틀린 말은 아니야. 말 나온 김에 캡에 대해 알아볼까? cap은 원래 '머리'를 의미하는 라틴어 caput에서 나온 말인데 머리의 위치가 맨 위다 보니 최고점을 의미하고, 더 위에 있는 '모자'나 심지어 '뚜껑'을 의미하는 단어로도 쓰이고 있지.

Can you open the cap off for me?
뚜껑 좀 열어주겠니?

머리가 위라고?

cape [keɪp]

어원 cap(ut) [머리]
명사 곶, 망토

JUNE cap에 e만 붙이면 케이프(cape), 망토가 되네? 이 정도는 이제 매직아이처럼 머릿속에 그냥 떠오른다고!

JACK 이제 자신감이 좀 붙나 보군. 맞아. 머리만 내놓거나 머리까지 덮어 쓰는 망토 같은 외투도 '머리'와 관련 있기 때문에 cape라고 해. 그리고 이 단어에는 또 다른 뜻도 있는데, 포항의 호미곶, 울산의 간절곶 알지? 이때 '곶'이 바로 영어로 cape야.

JUNE cap은 맨 위, 가장 높은 곳을 뜻한다며? 곶과는 무관해 보이는데?

JACK 여기선 수직적인 의미의 '끝'이 아니라 수평적인 의미에서 바다와 만나는 '땅의 끝'이라는 개념으로 받아들이면 돼. 그리고 남아공의 수도가 케이프타운(Cape Town)인데, 이 지명만 봐도 이곳이 바다와 면한 곳임을 알 수 있겠지? 참고로 알아둬.

The cape extends far into the sea.
그 곶은 바다로 멀리 뻗어나가 있다.

⊙–⊙ **어휘 Plus**
extend 연장하다, 확장하다
far 멀리

captain ['kæptɪn]

☐ ☐ ☐

어원 **cap**(ut) [머리]

명사 선장, 주장, 지도자

JUNE 어떤 그룹에서 가장 높은 사람을 캡틴(captain)이라고 부르는 것도 cap과 관련이 있겠네. 뒤에 붙은 -tain은 maintain에서 배운 것처럼 '잡다'의 뜻이어서 '꼭대기를 잡았다', 그러니까 윗자리를 차지하고 있다는 뜻에서 captain이 된 건가?

JACK 대단하네. 그렇게 자기가 알고 있는 어원으로 의미가 딱 맞아 떨어지면 공부하는 보람을 느끼게 되지. 지금 네가 분석한 방법이 맞을 수도 있지만, captain의 단어 자체가 고대 프랑스어인 capitaine을 차용한 것으로 보여. 하지만 어원학자가 아닌 이상 이런 내용은 전혀 중요하지 않아. 하여간 아주 잘했어!

He is the captain of the football team.
그는 그 축구팀의 주장이다.

⊙–⊙ **어휘 Plus**
football 축구
team 팀, 단체

capital ['kæpɪtl] □□□

어원 **cap**(ut) [머리] + **al** 「명/형접」
명사 수도, 대문자, 자산 　**형용** 중요한

JACK capital[캐피틀]은 쉬운 단어이긴 하지만 의미가 참 다양도 하지. cap이 '머리'의 뜻이다 보니 '가장 높은 곳에 있는 것은 '중요한' 것과 의미가 일맥상통해. 우선 한 국가의 가장 중요한 도시인 '수도'를 의미하기도 하고, 문자 중에서는 '대문자'를 의미하지. '자본, 자산'이란 뜻도 있는데 이는 옛날 집에서 기르던 가축의 머리(cap) 수로 재산을 가늠하던 것에서 유래했어.

JUNE 시중의 금융사 말고 불법 대부업체에서도 많이 쓰던데, 그런 capital 때문에 '머리' 아픈 것도 관계가 있을까?

JACK 얼씨구, 어원 공부에 정말 재미가 붙었구나!

> **What is the capital of Canada?**
> 캐나다의 수도는 어디지?

chief [tʃiːf]

☐ ☐ ☐

어원 cap(ut) [머리]

명사 리더, 추장, 장관　**형용** 주요한, 최고의

JACK　cap과 비슷한 의미의 단어로 chief[취프]가 있어. cap과 발음도 비슷한 느낌인데 어원이 같아. 머리 격인 '우두머리, 추장, 장관'의 뜻으로 사용되고 형용사로는 '주요한, 최고의'라는 뜻이 있어. cap의 속성과 같다고 봐야지.

JUNE　그래서 CEO에도 들어 있구나. chief executive officer.

JACK　맞아. 또 다른 비슷한 단어로 chef[셰프]도 있지. 마찬가지로 cap이 어원이야. 요리사 중에 주방장, 수석 요리사들을 chef라고 했는데 요즘은 워낙 일반화된 단어이다 보니 일반 요리사들도 그냥 chef라고 하는 것 같아.

CEO stands for the chief executive officer.
CEO는 최고경영자를 의미한다.

◉–◉ 어휘 Plus
executive 경영의, 경영진
chef 주방장, 요리사
stand for 의미하다, 상징하다

achieve [əˈtʃiːv]

□ □ □

어원 **a**(d) [to] + **cap**(ut) [머리]

동사 달성하다, 성취하다

JUNE 위의 설명을 보니 '성취하다'의 achieve[어취브]도 어원이 cap 이라는데 어떤 식으로 이해하면 될까?

JACK 어원을 살펴보면 a는 ad가 축약된 것인데 전치사 to에 해당해. 별 뜻은 없고 방향 정도만 나타낸다고 보면 돼. 어근 chieve는 chief, chef와 마찬가지로 cap(머리)의 뜻이고. 그렇다면 cap(머리) 쪽으로 향한다는 뜻이기 때문에 '위로 차오르다, 채우다, 달성하다, 성취하다'로 의미가 확대된다고 볼 수 있어.

There is nothing you cannot achieve.
네가 이루지 못할 것은 없다.

cabbage [ˈkæbɪdʒ]

☐☐☐

어원 cap(ut) [머리]

명사 양배추

JUNE cabbage[캐비지]는 양배추인데 '머리'통처럼 생겨서 cabbage 라는 거야?

JACK 캡(cap)은 '머리'지? 그럼 머리는 뭐겠어?

JUNE 캡이지! 아… 캐비지(cabbage) 맞구나.

JACK cabbage는 caboche라는 고대 북프랑스어에서 유래한 단어 인데 그냥 '머리'를 의미하는 단어였어. 그 외에도 고대 프랑 스어인 caboce나 라틴어로도 비슷하게 생긴 caput 등 모두 '머리'의 뜻이었는데 마침 머리통처럼 생긴 양배추를 그렇게 부르다가 지금에 이르게 된 것이지.

This cabbage has a big head.
이 양배추는 통이 크구나.

decapitation [dɪˈkæpɪteɪʃən] ☐ ☐ ☐

어원 **de** [떨어져] + **cap**(ut) [머리] + **tion** 「명접」

명사 참수, 해고

JACK decapitation[디캐피테이션]이라는 단어는 언뜻 어려워 보이지만 어원으로 접근하면 의외로 쉽게 알 수 있는 단어야. 여기서 de는 '떨어져 있다'의 뜻이지. '머리'가 떨어져 나가는 것이니 까 '참수'라는 무서운 단어라는 걸 바로 알 수 있겠지? 회사에 서도 이런 말 쓰잖아, 몇 명의 목이 날아갔다 등등. 그러다 보 니 '해고'라는 의미로도 사용하고 있어. 목 부분을 베는 거라 식물의 꼭지 부분을 따는 일도 이렇게 말하지.

JUNE 그러니 쉽게 해고해서는 안 돼. 사람의 목을 치는 일이라고.

He accused the company of unfair decapitation.
그는 회사를 부당 해고로 고소했다.

⊙-⊙ **어휘 Plus**

accuse 고소하다
company 회사
unfair 부당한

목이 없는데요?

그래?
봐줘라

287

behead [bɪˈhed]

□ □ □

어원 be [떨어뜨리다] + heaf(od) [머리(caput)]

동사 참수하다

JACK 비슷한 단어로 behead[비헤드]가 있어. 접두어 be에는 '떨어뜨리다'의 뜻이 있어서 머리(head)를 저 멀리 떨어뜨려(away) 놓는다는 뜻이야. 즉, '목을 베다, 참수하다'의 의미지.

JUNE be를 be동사로 생각했을 땐 답이 나오지 않더니 away라고 하니까 비로소 이해가 가네. 그냥 be를 발음이 되는 그대로 '베'라고 외워야겠다! 그럼 베!(be) 머리!(head)로 외울 수 있잖아.

JACK 단어 고유의 이미지에 부정적인 영향을 끼치지 않는 훌륭한 pun이야. 그런 시도는 권장할 만하지.

Beheading is a punishment against humanity.
참수는 반인륜적인 처벌이다.

⊙–⊙ **어휘 Plus**
punishment 처벌
humanity 인류

biceps ['baɪseps]

☐ ☐ ☐

어원 **bi** [둘(2)] + **cap**(ut) [머리]

명사 이두근

JACK cep에도 cap의 의미가 있어. biceps[바이셉스]라는 단어를 보면, bi-는 숫자 2의 뜻이란 걸 앞에서 배웠지? cep은 '머리'의 뜻이니까, 두 개의 머리, 한자로 바꿔보면 '이두근'에 해당하는 단어가 돼. 근육의 모양이 마치 머리통처럼 생겨서 두 개의 작은 머리가 팔뚝 속에 들어 있는 것으로 묘사한 단어라고 할 수 있지. 두 개니까 cep 뒤에 복수형 –s를 붙이는 거야.

JUNE 삼두박근은 그래서 triceps[트라이셉스]구나. 사두박근은 없나? 오두박근은 pentaceps인가?

JACK 오두방정 떨지 마라. 그런 거 없다.

Look at my biceps standing out!
솟아오르는 나의 이두박근을 봐!

⊙–⊙ **어휘 Plus**
triceps 삼두근
stand out 튀어나오다

REVIEW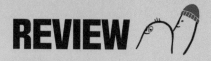

접두어 prefix	어근 root	접미어 suffix
		al
	cap(ut)〔머리〕	
a(d)〔to〕		
de〔떨어져〕		**tion**
bi〔둘(2)〕		
be〔떨어뜨리다〕	**heaf**(od)〔머리(caput)〕	

단어
vocabulary

cap	명 모자, 뚜껑, 최고점
cape	명 곶, 망토
captain	명 선장, 주장, 지도자
capital	명 수도, 대문자, 자산 형 중요한
chief	명 리더, 추장, 장관 형 주요한, 최고의
achieve	통 달성하다, 성취하다
cabbage	명 양배추
decapitation	명 참수, 해고
biceps	명 이두근
behead	통 참수하다

QUIZ

---

1. Can you open the (　　　) off for me?
뚜껑 좀 열어주겠니?

---

2. The (　　　) extends far into the sea.
그 곶은 바다로 멀리 뻗어나가 있다.

---

3. He is the (　　　) of the football team.
그는 그 축구팀의 주장이다.

---

4. What is the (　　　) of Canada?
캐나다의 수도는 어디지?

---

5. CEO stands for the (　　　) executive officer.
CEO는 최고경영자를 의미한다.

---

6. There is nothing you cannot (　　　).
네가 이루지 못할 것은 없다.

---

7. This (　　　) has a big head.
이 양배추는 통이 크구나.

---

8. He accused the company of unfair (　　　).
그는 회사를 부당 해고로 고소했다.

---

9. (　　　) is a punishment against humanity.
참수는 반인륜적인 처벌이다

---

10. Look at my (　　　) standing out!
솟아오르는 나의 이두박근을 봐!

LESSON 21

part 몫, 부분

sec, tom, chop 자르다

part [paːrt]

어원 part [몫, 부분]

명사 부분, 몫 **동사** 할당하다, 나누다

JACK 이번엔 자르다(cut)와 유사한 뜻을 가진 여러 종류의 단어를 알아보려고 해. 먼저 part[파트]를 볼까? 워낙 '부분'이란 뜻으로 잘 알려진 단어인데, 전체에서 잘라낸 일부를 뜻하기 때문에 '할당하다, 나누다'라는 뜻의 동사로도 사용할 수 있어. 특히 가르마를 탄다든가 할 때도 사용할 수 있지.

JUNE 말 나온 김에 나 가운데 가르마를 해볼까 하는데 어때?

JACK 좋은 생각이야. 즐겁게 살아야지.

Can you part my hair in the middle?
머리카락을 중간에서 갈라주시겠어요?

⊙–⊙ **어휘 Plus**
middle 가운데, 중간

가운데 가르마로 해주세요

trim [trɪm]

어원 **trum** [강한, 단단한]

동사 다듬다, 잘라내다, 치장하다

JUNE 미용실에서 머리를 살짝만 쳐달라고 하고 싶을 땐 어떻게 말해?

JACK 살짝 치는 수준의 커트라면 trim[트림]이라는 단어를 쓰면 돼. 다듬고 정돈하는 행동에 사용하는 동사인데 머리카락의 삐져나온 부분처럼 불필요한 부분을 잘라낸다는 의미가 있어. 그러니까 머리를 살짝만 다듬고 싶을 땐 Just trim it a little bit이라고 말하면 돼.

JUNE Just trim it a little bit. 잘 기억해둬야겠군!

I just want a trim.

그냥 살짝 쳐주세요.

⊙–⊙ **어휘 Plus**

little 거의 없는, 작은

bit 조금

section ['sekʃn]

□ □ □

어원 sek [자르다] + tion 「명접」
명사 부분, 절개, 구역

JACK sec-이 들어간 단어들도 바로 '자르다'와 관련이 있어. 명사형 접미어 -tion을 붙이면 section[섹션], 즉 자른 것이 되겠지? 그래서 section은 '절단, 부분, 부문, 구역' 등 여러 개로 나눈 것 중의 한 '부분'을 의미하는 단어가 돼.

JUNE intersection[인터섹션]이라는 단어가 떠오르는걸? 자, 내가 유추해볼게! section에 접두어 inter(~사이에)가 붙은 거지. 그러니까 길 중간을 잘라서 그사이를 가로지르는 다른 길을 낸 것, 바로 '교차로'를 말하는 거야!

JACK Awesome![어썸](대단해!)

I read nothing but the sports section.
나는 오로지 스포츠면만 읽는다.

⊙–⊙ **어휘 Plus**
intersection 교차로
awesome 멋진
nothing but 오로지

insect [ˈɪnsekt]

□ □ □

어원 in [안] + sek [자르다]

명사 곤충, 벌레

JACK 곤충도 몸통 중간의 부위들이 안(in)으로 잘린(sect) 듯 들어가 있어서 insect[인섹트]라고 해. 머리, 가슴, 배 부위의 연결 부분이 끊어질 듯 가는 개미 허리를 생각해보면 그림이 그려지지.

JUNE 우린 몸통이 곤충(insect)들처럼 들어간 곳 없이 원통이니까 무척 인간적이야, 그치?

JACK 하여간 sect 앞에 bi를 붙이면 둘(two)로 나누는 거니까 '양분하다'의 뜻을 가진 bisect[바이섹트]가 되고, 접두어 dis(떨어져)를 붙이면 잘라서 서로 떨어지게 만든다는 의미가 되기 때문에 '절개하다, 해부하다'의 뜻을 가진 단어 dissect[디섹트]가 돼. 명사형은 dissection[디섹션]이지.

JUNE 와우! 어원을 아니까 단어 기억하기 너무 쉬운데?

I have insect bites on the ankle.
발목을 벌레에게 쏘였어.

⊙–⊙ 어휘 Plus
bisect 양분하다
dissect 절개하다
dissection 절개, 해부
bite 물린 자국
ankle 발목

sever ['sevə(r)]

☐ ☐ ☐

어원 se [떨어져] + parare [준비하다]

동사 절단하다, 분리하다

JACK dissect의 접두어 dis와 마찬가지로 '떨어져'의 의미가 있는 접두어 se-도 있는데, 뒤에 ver를 붙인 sever[세버]라는 단어 역시 두 조각으로 '자르다, 절단하다'의 의미야. 명사형은 severance[세버런스]인데 어디선가 많이 들어본 단어지?

JUNE 아! 그래서 세브란스 병원엘 가면 병든 부위를 잘라내고 그러는구나.

JACK 신기하게 병원 이름과 관련 있어 보이는데 사실은 세브란스 병원 설립에 큰 도움을 준 기부자의 이름(루이 H. 세브란스)이래. 하여간 severance는 '절단'의 뜻도 있지만, '해고'의 의미도 있어. 그래서 '퇴직금'을 영어로 severance pay라고도 해.

He severed relations with the organization.
그는 조직과의 관계를 단절했다.

⊙–⊙ 어휘 Plus
severance 절단, 해고
severance pay 퇴직금
relation 관계
organization 조직, 단체

anatomy [əˈnætəmi]

☐ ☐ ☐

어원 ana [강조] + temnein [자르다] + y 「명접」

명사 해부, 해부학

JACK anatomy[어내터미]는 '해부, 해부학'이란 뜻인데 아까 말한 dissection보다는 좀 더 학술적인 느낌이 있는 단어야. 접두어 ana는 그냥 동사를 강조하는 부사 개념으로 '확실히'라는 뜻이고, tom이 바로 '자르다'의 뜻이야. '확실히(up) 자르다(tom)'라는 강한 의미를 지니지. 위쪽(up)을 잘게 자른다는 해석도 있는데, 하여간 뭔가를 자르는 '해부'를 뜻해.

JUNE 불현듯 우주소년 아톰(Atom)이 생각나는군.

JACK atom은 원자라는 뜻이잖아? 어원을 살펴보면 a는 not의 뜻을 가진 접두어이고, tom은 '자르다'이기 때문에 더 이상 '자르지 못하는 원자'를 잘 표현한 단어라 할 수 있어.

I took a class on the anatomy of a frog.
개구리 해부 수업을 들었다.

⊙–⊙ **어휘 Plus**
atom 원자
class 수업
frog 개구리

chop [tʃɑːp]

☐☐☐

어원 choper [고대 북프랑스어: 자르다]

동사 자르다, 토막을 내다, 잘게 썰다

JACK tom처럼 토막을 낸다는 의미의 단어로 chop[찹]이 있어. 칼로 음식을 토막내거나 도끼로 장작을 패는 것을 표현할 때 쓰는데, '자르다, 뼈개다, 잘게 썰다' 등의 뜻이야.

JUNE 아하! 그렇다면 찹스테이크(chop steak)에 들어 있는 찹(chop)이 바로 그 뜻이로군?

JACK 역시 먹는 건 잘 기억하는군! 원래 찹스테이크라는 것은 뼈까지 붙어 있는 상태로 고깃덩어리를 작은 크기로 '잘라낸' 것을 말하지. 그리고 고기 자르는 큰 칼을 chopper[차퍼]라고 하는데, 그 칼과 프로펠러의 모양이 비슷하다고 해서 헬리콥터를 속어로 chopper라고 부르기도 해. 나무에 도끼질하는 것도 wood chopping[우드 차핑]이라고 하고.

Chop up the meat finely.
고기를 아주 잘게 다져라.

◉–◉ 어휘 Plus

chopper 큰 칼, 헬리콥터
finely 잘게, 섬세하게
meat 고기

dice [dʌɪs]

☐☐☐

어원 de [고대 프랑스어: 주사위]

명사 주사위　**동사** 주사위 모양으로 자르다, 깍둑썰기하다

JACK dice[다이스]는 잘 알다시피 '주사위'의 뜻인데, 동사로 사용하면 주사위 모양으로 만들다, 즉 '깍둑썰기하다'의 의미야. 생긴 모양이 육면체이다 보니 cube[큐브]를 써도 같은 뜻이 돼. 물론 주사위도 공정한 확률을 위해 정육면체의 모양이지만, cube는 '정육면체' 자체를 의미하지.

JUNE 깍둑썰기라고 하니 어려웠던 시절이 생각나는군. 깍두기 담글 무가 없어서….

JACK 집에 있던 산삼으로 깍두기를 담글 수밖에 없었다던 그 시절?

Let's decide by the roll of a dice.
주사위 던지기로 결정하자.

⊙─⊙ **어휘 Plus**
cube 정육면체
decide 결정하다
roll 굴리기

saw [sɔː]

☐☐☐

어원 sagu [고대 영어: 톱]

명사 톱 **동사** 톱질하다

JACK '썰어' 할 땐 saw[써]로 쓰는 것을 연상하면 도움이 될 거야.
saw는 '톱, 톱질하다'라는 뜻이고 톱질하는 사람은 sawyer
[소여]라고 해. 소설 《톰 소여의 모험》의 주인공 톰 소여(Tom
Sawyer)의 이름에 이 단어가 들어 있지. 여기선 그냥 이름이
긴 한데, 앞에서 배웠듯이 tom은 '자르다'이고 sawyer는 '톱
질하는 사람'의 뜻이니 이를 연상해서 외우면 도움이 될 거
야. 물론 여기서 Tom은 자른다는 의미가 아니라 Thomas의
애칭이니까 오해 없길 바라. 그리고 시소(seesaw) 놀이도 톱질
(saw)하는 모양에서 나왔다고 해.

JUNE 난 시소(seesaw)라는 이름이 올라갔을 때 '보이는(see)' 것이
내려가면 '보았다(saw)'가 되어서 붙은 걸로 알았는데?

JACK 사실 나도 그렇게 알고 있었어. 더 설득력도 있고. 정답은 시
소를 만든 사람만이 알겠지.

> **I sawed the pipe in half.**
> 파이프를 톱질해서 반으로 잘라냈다.

⊙–⊙ **어휘 Plus**
sawyer 톱질하는 사람
half 절반

snip [snɪp]

어원 snip(pen) [저지독일어: 가위로 싹둑 자른]

명사 자투리   **동사** 싹둑 자르다, 오려내다

JACK 자르는 행위 중에서도 특히 가위로 자르는 것은 snip[스닙]이라고 해. 일반적으로 쓰는 cut과 별 차이가 없다 보니 잘 안 쓰게 되는데, 화면을 캡처할 때 '오려내다'에 해당하는 단어가 바로 snip이야. 하여간 snip은 가위 등으로 싹둑 잘라내거나, 모양대로 오려내는 동작에 적절하다는 것 알아둬.

JUNE 자르다 편에서는 새로운 단어를 정말 많이 배우는 것 같다.

JACK 그리고 snip보다는 동작 자체가 좀 작은 느낌의 단어인 clip[클립]이 있어. 털이나 잔가지 같은 것들을 자를 때 주로 쓰는 동사인데 머리 자르는 기계도 동선이 작다 보니 clippers[클리퍼즈]라고 해. 손톱깎이도 nail clippers라고 하고.

She snipped a tiny hole in the edge.
그녀는 가장자리에 가위로 작은 구멍을 오려냈다.

⊙–⊙ **어휘 Plus**
clip 자르다, 깎다
clippers 자르는 도구
tiny 작은
edge 가장자리

REVIEW

접두어 prefix	어근 root	접미어 suffix
	part 〔몫, 부분〕	
	trum 〔강한, 단단한〕	
	sek 〔자르다〕	**tion**
in 〔안〕		
se 〔떨어져〕	**parare** 〔준비하다〕	
ana 〔강조〕	**temnein** 〔자르다〕	**y**
	choper 〔고대 북프랑스어: 자르다〕	
	de 〔고대 프랑스어: 주사위〕	
	sagu 〔고대 영어: 톱〕	
	snip (pen) 〔저지독일어: 가위로 싹둑 자른〕	

단어
vocabulary

part	명 부분, 몫　통 할당하다, 나누다
trim	통 다듬다, 잘라내다, 치장하다
section	명 부분, 절개, 구역
insect	명 곤충, 벌레
sever	통 절단하다, 분리하다
anatomy	명 해부, 해부학
chop	통 자르다, 토막을 내다, 잘게 썰다
dice	명 주사위 통 주사위 모양으로 자르다, 깍둑썰기하다
saw	명 톱　통 톱질하다
snip	명 자투리　통 싹둑 자르다, 오려내다

QUIZ

---

1. Can you (   ) my hair in the middle?
머리카락을 중간에서 갈라주시겠어요?

---

2. I just want a (   ).
그냥 살짝 쳐주세요.

---

3. I read nothing but the sports (   ).
나는 오로지 스포츠면만 읽는다.

---

4. I have (   ) bites on the ankle.
발목을 벌레에게 쏘였어.

---

5. He (   ) relations with the organization.
그는 조직과의 관계를 단절했다.

---

6. I took a class on the (   ) of a frog.
개구리 해부 수업을 들었다.

---

7. (   ) up the meat finely.
고기를 아주 잘게 다져라.

---

8. Let's decide by the roll of a (   ).
주사위 던지기로 결정하자.

---

9. I (   ) the pipe in half.
파이프를 톱질해서 반으로 잘라냈다.

---

10. She (   ) a tiny hole in the edge.
그녀는 가장자리에 가위로 작은 구멍을 오려냈다.

LESSON

22

sta- 서다

understand [ˌʌndərˈstænd]

□ □ □

어원 inter [안쪽] + stand(an) [서다, 장소를 차지하다]

동사 이해하다, 알아듣다

JACK stand[스탠드]가 '서다'라는 뜻임은 잘 알고 있을 거야. 어근 sta-는 서 있는 물건이나 서 있는 상태 그리고 그 물건이 있는 장소를 의미하기도 하는데, 서 있는 정적인 상태를 나타내다 보니 머무르다(stay)의 의미를 품고 있기도 하지. 그런 의미에서 understand[언더스탠드]를 한번 유추해볼래?

JUNE 그거 모르는 사람도 있나? '이해하다'의 뜻이잖아!

JACK 잘 아네. 사실 understand의 접두어 under는 '아래'의 뜻이 아니라 '안쪽'의 뜻을 가진 inter의 변형이야. 어떤 관점이나 문제의 안쪽에 서 있다는 뜻이야. 좀 더 내막을 잘 이해하겠지? 그래서 understand가 '이해하다'의 의미가 되는 거지.

I can't understand a word of it.
난 한마디도 이해하지 못하겠어.

⊙-⊙ 어휘 Plus
stand 서다

Understand

statue [ˈstætʃuː]

어원 **sta**(re) [서다]

명사 동상, 조각상

JACK 어근 sta-의 의미 속에 서 있는 물건이란 뜻이 있다고 했지? 조각상이나 동상은 어디 가지 않고 그대로 선(stand) 채로 머물러(stay) 있어서 statue[스태츄]라고 해. 대표적으로 자유의 여신상이 있지. Statue of Liberty.

JUNE 동상의 정확한 의미가 뭐야? 왜 동상이라고 하는 거지?

JACK 동상(銅像)은 구리 '동'이기 때문에 구리로 만든 조형물을 의미했는데 지금은 구리, 돌, 쇠 등 재질과 상관없이 통칭 동상이라고 해. 자유의 여신상도 구리로 만든 동상이라 처음엔 구리 색깔처럼 불그스름했는데 산화되면서 색깔이 점점 푸르스름하게 된 거야.

His statue will be carved out of stone.
그의 동상은 돌로 조각될 것이다.

⊙-⊙ 어휘 Plus
liberty 자유
carve 조각하다
stone 돌

state [steɪt]

어원 sta(re) [서다]

명사 국가, 상태, 정부 **동사** 언급하다

JACK state[스테이트]라는 단어 역시 sta-를 어근으로 하는데, '머무르다, 상태, 세우다, 장소', 심지어 '명시하다'까지 sta-의 의미가 모두 들어가 있어. state를 차례로 살펴보면, 우선 움직이지 않고 머물러 있으니 정적인 상태, 즉 condition[컨디션](상태)의 뜻도 있고, 머물러서 차지하고 있는 place[플레이스](장소)의 뜻도 있지. 또한 country[컨츄리](국가, 나라) 같은 큰 장소나, 좀 작게는 province[프라빈스](주(州))를 의미하기도 하지. 게다가 동사로 사용될 때는 확실히 적어 '두다'(place)의 의미로 '명시하다'라는 뜻이 있어. 명사형은 statement[스테이트먼트]이고, 뜻은 '발표, 진술'.

JUNE 그래서 미국을 United States of America라고 하는 건 알지. 미국인들끼리는 그냥 the States라고만 하더군.

She is still in a state of panic.
그녀는 아직도 겁에 질린 상태야.

⊙-⊙ **어휘 Plus**
province 주, 지방
statement 성명, 서술
still 아직

estate [ɪ'steɪt]

☐ ☐ ☐

어원 sta(re) [서다]
명사 사유지, 재산

JACK '재산'을 estate[이스테이트]라고 하고, 그중에서 특히 '부동산'을 real estate[리얼 에스테이트]라고 하지. 앞에 붙은 real은 땅이나 아파트 같은 '실존 자산'의 개념이 되기도 하지만 스페인어 '레알'로 보는 학설도 있어. 스페인어 real은 '국왕의(royal)'라는 뜻인데, 옛날 스페인이 캘리포니아 지방을 점령하고 있을 때 그 땅이 다 스페인 국왕의 자산이라고 칭하면서 estate 앞에 real을 붙였다. 그래서 개인이 소유하되 소유에 대한 세금을 국왕에게 내도록 한 거야.

JUNE 그러고 보면 지금도 내가 가진 부동산에 대해서 국가에 세금을 내고 있잖아?

JACK 나라가 그 부동산을 지켜주고 있잖니.

She left huge estate to me.
그녀는 엄청난 재산을 내게 남겼다.

다 내 거야?
레알?

⊙-⊙ 어휘 Plus
royal 국왕의
leave 남기다

asset [ˈæset]

☐ ☐ ☐

어원 as [to] + satis [충분한]

명사 자산, 재산

JACK 참고로 asset[에셋] 역시 '자산, 재산'의 의미인데 어원은 달라. set 부분은 satisfaction[새티스팩션](만족)의 어원이기도 한 satis(충분한)야. 접두어 as는 전치사 to이니까 '충분한(재산) 쪽으로' 진행되는 느낌을 가지고 있지. 미래에셋 같은 회사명으로도 잘 알려진 단어라 돈, 재산과 관련된 이미지는 쉽게 그려볼 수 있을 거야.

JUNE 말 그대로 '애 셋'만 있으면 남부럽지 않은 재산 아니겠어?

JACK 그렇게 외우면 잊어버릴 염려는 없겠군. 덧붙이자면 asset은 특히 '가치적인 측면'에서의 자산을 의미하기 때문에 조직의 뛰어난 인재나 선수들을 의미하는 단어로도 아주 적격이라 할 수 있어.

You are an asset to this company.
자네는 우리 회사의 자산일세.

⊙–⊙ **어휘 Plus**
satisfaction 만족

instant [ˈɪnstənt]

☐ ☐ ☐

어원 in [안] + sta(re) [서다] + nt 「명/형접」

명사 순간 **형용** 즉석(즉각, 즉시)의

JACK instant[인스턴트] 하면 인스턴트식품이 먼저 떠오르지? '순간, 즉석의'라는 뜻을 가진 단어인데 어원으로 분석해보면 '서 (sta) 있는 것 가운데(in)'라는 뜻이야. 가운데라는 말 자체에는 주변을 둘러싸고 있는 것들이 '가까운 곳에' 있다는 전제가 깔려 있잖아. 그래서 instant는 '주변에 서 있는 가까운 것 중에'라고 해석할 수 있어. 가까이에 있으니 바로 편리하게 '즉시' 사용할 수가 있겠지? 그래서 '즉각적인, 순간'이라는 의미가 된다는 말씀. 즉석밥을 instant rice라고 하는데, 이 단어가 좋은 예가 되겠네.

JUNE 촌스럽긴. 나는 인스타그램(Instagram)이 떠오르는데? instant camera[인스턴트 캐머러]와 telegram[텔레그램]을 합성한.

This will take an instant effect.
이것은 즉각적인 효과를 발휘할 거야.

⊙─⊙ **어휘 Plus**
telegram 전보, 전문
effect 효과

constant [ˈkɑːnstənt]

□ □ □

어원 con [함께] + sta(re) [서다] + nt「형접」
형용 일정한, 지속적인

JACK instant에서 in을 떼고 con을 붙여보면 '함께(con) 서 있다 (sta)'라는 뜻이 되지? 말 그대로 계속 같이 있는 상태를 의미하기 때문에 '계속되는, 끊임없는' 등의 의미야. 비슷한 단어로 continuous[컨티뉴어스]나 continual[컨티뉴얼]이 있는데, continuous는 뭔가 끊임없이 지속되는 것, contunual은 끊어졌다가 다시 반복해서 지속되는 상황을 말해. constant[칸스턴트]는 뭔가 '일정한 힘으로 변함없이 지속'되는 느낌이라는 점에서 차이가 있지. 세 단어 모두 '지속적'이긴 하지만 값의 변화가 없는 곳엔 constant가 더 적합하다는 말이야.

JUNE 수학 용어 중에 상수를 constant라고 하지. 변하지 않는 일정한 값을 가진 수니까.

JACK 역시, 영어 말고는 좀 아는구나?

I was driving my car at a constant speed.
나는 일정한 속도로 주행 중이었어.

⊙-⊙ **어휘 Plus**
continuous (끊임없이) 계속되는
continual (반복해서) 계속되는
speed 속도

circumstance [ˈsɜːrkəmstæns] ☐ ☐ ☐

어원 circum [주위에] + stance [서 있는 곳]

명사 상황, 환경

JACK circum은 주변을 빙 둘러싸고 있는 '주위에'의 뜻을 가진 라틴어이고, stance는 '서 있는 곳'을 의미하지. 즉, circumstance [써컴스탠스]는 나를 둘러싸고 있는 주변 '상황, 환경'의 의미야. 특히 under the circumstances(지금 상황으로는)라는 표현은 많이 사용하는 생활영어니까 잘 기억해둬.

JUNE '상황' 하면 시츄에이션(situation)밖에 몰랐어.

JACK 물론 둘 다 '상황'의 뜻이긴 하지만 약간 의미상의 차이가 있지. situation은 발생한 '그 일'을 의미하는 것이고, circumstance는 여러 가지 조건들을 감안해서 바라본 '종합적인 주변 상황'을 의미한다고 볼 수 있어.

JUNE 아! 이제 알겠어. 멋진 여자가 너에게 말을 건넨 것은 situation이고, 네가 배 나오고 돈이 없는 건 circumstance 구나!

Under the circumstances, that's a good idea.
지금 상황으로는 그게 좋은 생각이야.

⊙-⊙ **어휘 Plus**
situation 상황, 발생한 일

static ['stætɪk]

☐ ☐ ☐

어원 sta(re) [서다] + tic 「명/형접」

명사 정전기　**형용** 정적인, 움직임 없는

JACK　static[스태틱]은 글자 그대로 가만히 서 있는 상태, 즉 '정적인, 움직이지 않도록 고정된'의 뜻이 있어. 그래서 정전기를 영어로 static electricity라고 해. 물리적인 움직임이 없이 정적인 상태에 있는 전기라고 할 수 있지.

JUNE　그렇게 잘 아는 사람이 형광등 갈다가 감전은 왜 당했을까?

JACK　그리고 주의해야 할 것은 움직임이 없다고 해서 작용하는 힘이 0이라는 의미는 아니라는 거야. 힘이 주어진 채로 고정되어 있다면 그것도 static이라고 할 수 있어. 이를테면 정압(고정된 압력)이라는 뜻의 static pressure[프레셔] 같은 단어가 있지. 즉, 추가적인 움직임이 없다는 뜻이야. 그렇다고 너무 어렵게 생각할 건 없어. 그냥 '고정된, 정적인'이라는 뜻이야.

Is there any way to avoid static shocks?
정전기 피하는 방법 좀 없어?

⊙-⊙ 어휘 Plus
electricity 전기
pressure 압력
avoid 회피하다
shock 충격

obstacle [ˈɑːbstəkl]

□ □ □

어원 **ob** [맞서, 앞에] + **sta**(re) [서다] + **cle** 「명접」

명사 방해, 장애물

JACK 접두어 ob는 '맞서다'라는 의미인데 여기에 어근 sta-와 명사형 접미어 -cle를 합하면 obstacle[압스터클]이라는 단어가 돼. 무언가가 나를 막고 서 있다는 말이지. 그래서 '방해, 장애물'의 뜻이야. 사실 obstacle을 대신할 수 있는 '방해'의 의미를 가진 단어들이 무척 많기는 한데 obstacle은 특히 눈앞에 보이는 물리적인 장애물에도, 방해요소나 난관 같은 추상적인 개념에도, 사회적인 장벽 같은 커다란 담론에도 모두 사용할 수 있는 중요하고 일상적인 단어라 할 수 있어.

JUNE obstacle, 앞에서 태클 걸듯이 방해하는 것으로 기억하면 되겠군!

The cost is the biggest obstacle in this idea.
이 구상의 가장 큰 장애물은 비용이다.

⊙–⊙ **어휘 Plus**
biggest 가장 큰

REVIEW

접두어 prefix	어근 root	접미어 suffix
inter〔안쪽〕	stand(an) 〔서다, 장소를 차지하다〕	
in〔안〕	sta(re)〔서다〕	nt
con〔함께〕		nt
		tic
ob〔맞서, 앞에〕		cle
as〔to〕	satis〔충분한〕	
circum〔주위에〕	stance〔서 있는 곳〕	

단어
vocabulary

understand	통 이해하다, 알아듣다
statue	명 동상, 조각상
state	명 국가, 상태, 정부 통 언급하다
estate	명 사유지, 재산
instant	명 순간 형 즉석(즉각, 즉시)의
constant	형 일정한, 지속적인
static	명 정전기 형 정적인, 움직임 없는
obstacle	명 방해, 장애물
asset	명 자산, 재산
circumstance	명 상황, 환경

QUIZ

1. I can't (   ) a word of it.
   난 한마디도 이해하지 못하겠어.

2. His (   ) will be carved out of stone.
   그의 동상은 돌로 조각될 것이다.

3. She is still in a (   ) of panic.
   그녀는 아직도 겁에 질린 상태야.

4. She left huge (   ) to me.
   그녀는 엄청난 재산을 내게 남겼다.

5. You are an (   ) to this company.
   자네는 우리 회사의 자산일세.

6. This will take an (   ) effect.
   이것은 즉각적인 효과를 발휘할 거야.

7. I was driving my car at a (   ) speed.
   나는 일정한 속도로 주행 중이었어.

8. Under the (   ), that's a good idea.
   지금 상황으로는 그게 좋은 생각이야.

9. Is there any way to avoid (   ) shocks?
   정전기 피하는 방법 좀 없어?

10. The cost is the biggest (   ) in this idea.
    이 구상의 가장 큰 장애물은 비용이다.

LESSON 23

fuse 붓다

odor [ˈoʊdər]

□ □ □

어원 odor [냄새, 향기]
명사 냄새, 향내

JACK '향기, 냄새' 하면 가장 먼저 smell[스멜]이 떠오를 텐데, smell
은 '냄새, 냄새가 나다, 냄새를 맡다'와 같이 명사, 자동사, 타
동사로 모두 사용할 수 있는 단어야. 비슷한 명사로 odor[오우
더]가 있어. 어원상으로는 중립적인 의미의 단어인데 지금은
불쾌한 냄새 쪽에 좀 더 기울어진 단어라고 볼 수 있어.

JUNE 불쾌한 냄새(odor)를 맡으면서 '오우~더'러워 하는 생각을 하
면 되겠군.

JACK 좋은 아이디어이긴 한데, 원칙적으론 중립적인 의미의 단어
이기 때문에 너무 안 좋은 냄새 쪽으로만 생각하지는 마. 예
를 들어 소나무의 향(odor of pines)에도 사용될 수 있고 청국
장처럼 호불호가 갈리는 냄새에도 사용할 수 있어.

It gives off a strange odor.
이것은 이상한 냄새를 풍기고 있어.

어디서 오도로 냄새가…

◉⚬◉ 어휘 Plus
pine 소나무
give off 풍기다, 발산하다

deodorant [diˈoʊdərənt]

□ □ □

어원 **de** [제거하다] + **odor** [냄새, 향기] + **ant** 「명접」

명사 방취제, 탈취제

JUNE 하긴 체취가 나쁜 냄새라고만은 할 수 없지. 나의 체취는 천연 향수에 가까우니까. 그래도 많은 사람들이 몸에서 나는 냄새를 없애기 위해 제품을 사용하다 보니 odor라고 하면 주로 안 좋은 쪽으로 인식하게 되나 봐.

JACK 맞아, 그런 체취를 없애는 제품을 deodorant[디오우더런트]라고 하지. 접두어 de는 '제거하다'라는 의미이니까 냄새(odor)를 없애는(de) 것(-ant)이란 뜻이 되지. '데오드란트'라는 명칭으로 시중에서 쉽게 찾아볼 수 있는 제품이고.

JUNE 사실 한국인들에겐 데오드란트가 딱히 필요 없어. 유전자 형질상 암내가 가장 적게 난다고 하더군.

JACK 그래? Where are you from?(어디서 오셨어요?)

Try using deodorant to take care of body odor.
체취 관리를 위해서 데오드란트를 한번 사용해봐.

scent [sent]

☐ ☐ ☐

어원 sentire [라틴어: 느끼다]

명사 향기, 냄새

JUNE odor가 중립적인 의미임에도 불구하고 안 좋은 향 쪽에 좀 더 가깝다면 좋은 향기 쪽에 가까운 단어도 따로 있나?

JACK scent[센트](향기)라는 단어를 들 수 있지. 원래 '느끼다(feel), 냄새 맡다(smell), 맛보다(taste)' 등을 의미하는 라틴어 sentire에서 유래했는데, 감각을 의미하는 sense[센스]와 같은 가지에서 파생된 단어야. 이 또한 중립적인 의미의 단어이지만, 좋은 향기를 표현할 때 더 자주 사용하지.

This room is filled with the scent of flowers.
이 방은 꽃향기로 가득하다.

⊙-⊙ **어휘 Plus**
taste 맛이 나다
be filled with ~로 가득 차다

fragrant [ˈfreɪɡrənt]

어원 fragr [좋은 냄새가 나다] + ant 「형접」

형용 향기로운, 달콤한

JACK scent보다 좀 더 향기로운 단어가 있는데 '향긋한'이라는 뜻을 가진 fragrant[프레이그런트]야. 흐드러지게 핀 꽃들의 향기가 마치 내 코앞에서 확 퍼지듯 '강한 향기'를 의미하는 라틴어 fragrantem에서 유래했어. 홍콩(香港)의 한자어가 '향기 나는 항구'라는 의미여서 홍콩을 영어로 fragrant harbor[하버]라고 칭하기도 해. Hongkong이라는 말은 영국 사람들이 홍콩의 한자어를 광둥지방 발음인 '헝꽁'으로 음차해서 그렇게 부르게 된 거야.

JUNE 집 앞에 홍콩반점이 있는데 지나갈 때마다 향기로운 중국요리의 향기가 훅 하고 들어오거든. 그때마다 fragrant를 기억하면서 다녀야겠다.

She always smells of fragrant shampoo.
그녀는 항상 향긋한 샴푸 향이 난다.

⊙-⊙ **어휘 Plus**
harbor 항구

vinegar [ˈvɪnɪɡə(r)]

□ □ □

어원 vin [와인] + aigre [신맛]

명사 식초

JACK 음식에서 나는 냄새 중에 가장 강한 것이 시큼한 향이라 할 수 있지. 그런 향의 대명사인 '식초'를 영어로 vinegar[비니거]라고 하는데, 사과식초, 현미식초 등 여러 가지 종류가 있지만, vinegar의 어원은 사실 포도에서 비롯되었어. wine은 라틴어의 v가 u(우) 발음인 데다 라틴어에 w가 없다 보니 나라마다 발음대로, 글자대로 각각 차용해서 쓰고 있는데, wine, vine, vin, wein 등으로 표기상의 차이가 있어. 모두 포도와 관련된 단어들이고 vinegar도 여기서 유래했어. 즉 포도로 발효한 식초를 vinegar라고 부르기 시작했다는 것이지.

JUNE 최고급 발사믹 식초도 포도로 발효시킨 것이라 하더군.

I like cucumber pickled in vinegar.
난 식초에 절인 오이가 좋아.

⊙-⊙ 어휘 Plus
wine 포도주
cucumber 오이
pickled (식초, 소금물에) 절인

diffuse [dɪˈfjuːz]

□ □ □

어원 **di**(s) [떨어져] + **fuse** [붓다]

동사 퍼뜨리다, 확산하다

JACK 좋은 향이 방 안에 은은히 퍼진다면 참 기분이 좋아지겠지. 이런 방향제를 보통 diffuser[디퓨저]라고 하는데, 이 단어의 사전적 의미는 '확산기, 산광기'야. diffuse[디퓨즈]는 '퍼뜨리다, 확산하다'라는 뜻의 동사인데, 접두어 dif는 dis의 변형으로 '따로따로, 산산이'의 뜻이 있어. 어근 fuse에는 '붓다'의 뜻이 있고. 여러 흩어진 곳에 향기를 붓는 거니까, 디퓨저의 의미가 와 닿지?

JUNE 그래, 디퓨저 하면 자동차 방향제나 집 안에 긴 스틱 몇 개 꽂혀 있는 향수병이 제일 먼저 떠오르는 것 같아. 이제 보니 향기를 은은하게 확산하고 퍼뜨리는 용도가 아예 제품의 명칭이 된 것이었네.

The ingredients in a tea bag slowly diffused into water.
티백 속 성분이 물속으로 천천히 퍼져갔다.

⊙─⊙ **어휘 Plus**
diffuser 확산기, 산광기, 디퓨저

defuse [diːˈfjuːz]

□ □ □

어원 **de** [제거하다] + **fuse** [신관]

동사 완화하다, 신관을 제거하다

JACK diffuse[디퓨즈]와 함께 알아두면 좋은 단어가 하나 있는데 바로 defuse[디-퓨즈]야.

JUNE 아니? 철자도 거의 비슷한데 발음도 같네? defuse는 약간 장모음으로 발음하는군.

JACK 맞아, 그래도 의미가 완전히 달라서 이해하기에 혼란스럽진 않을 거야. defuse의 접두어 de는 '제거하다'의 뜻이고, fuse 는 '신관, 도화선'의 뜻이어서 합하면 '(폭탄의) 뇌관(신관)을 제거하다, 진정시키다'라는 의미가 돼.

JUNE 퓨즈는 멀티탭 같은 데 들어 있는 걸 말하는 건가?

JACK 맞아. 과전류를 자동으로 차단해주는 자그마한 전기장치인데, 전류가 강하면 퓨즈가 녹으면서 전기가 차단되지. 이런 특성을 생각해보면 defuse가 뭔가를 없애거나, 문제를 해소한다는 뜻의 동사로도 사용되는 걸 쉽게 이해할 수 있을 거야. 퓨즈가 녹듯 문제나 위기가 사라진다고 생각하면 되겠지.

They agreed to defuse the crisis.
그들은 위기를 해소하기로 합의했다.

◉─◉ **어휘 Plus**
fuse 도화선, 퓨즈
agree 동의하다
crisis 위기

fusion [ˈfjuːʒn]

| 어원 | **fuse** [붓다] + **ion** 「명접」 |
| 명사 | 융합, 결합 |

JUNE defuse에서처럼 단어들이 섞여서 신조어를 탄생시키는 것을 보면 어휘는 무한할 수밖에 없을 것 같아.

JACK 맞아. 바로 그렇게 둘 이상의 것이 하나로 뒤섞이는 것을 fusion[퓨전]이라고 하는데, '융합, 결합'이라는 뜻을 가졌어. 어원을 살펴보면 아까 diffuse의 어근과 마찬가지로 '붓다'의 의미인 fuse가 들어 있는 게 보이지? 두 가지 이상을 한곳에 부어(pour) 넣고 섞은 것을 나타내. 그래서 다른 종류의 음식을 결합한 것을 퓨전요리라고 하잖아. 좋아하는 퓨전요리 있어?

JUNE 쏘맥.

BEST 홍어 토 핑 빙 수

This restaurant specializes in fusion cuisine.
이 식당은 퓨전요리 전문이다.

⊙─⊙ **어휘 Plus**
restaurant 음식점, 식당
specialize in ~을 전문으로 하다
cuisine 요리, 요리법

confusion [kənˈfjuːʒn]

☐ ☐ ☐

어원 con [함께] + fuse [붓다] + ion 「명접」

명사 혼란, 혼동

JACK 하지만 이것저것 막 함께 섞으면 뭐가 뭔지 알 수가 없게 되는데 이런 상황을 confusion[컨퓨전]이라고 할 수 있지. '함께(con), 섞은 것(fusion)'이니 글자 그대로 '혼란, 혼동'의 뜻이야. 두유 한 컵에다 야쿠르트 한 병, 날계란 넣고 참기름을 부어봐. 도무지 무슨 맛인지 알 수가 없어서 혼란스러울걸?

JUNE 뻔뻔하긴! 대학생 때 너의 그 레시피로 만든 정체불명의 음료를 마시고 온종일 화장실을 들락거렸던 걸 생각하면…. 하루 종일 머리가 혼란스럽긴 했어.

JACK 내가 정말 그랬어? 갑자기 미안한 마음과 의심이 동시에 들어 좀 헷갈려. 내가 그런 멍청한 행동을 했을 리가 없는데 I'm so confused(정말 혼란스럽군).

Their explanation will cause more confusion.
그들의 설명은 더 많은 혼란을 야기할 것이다.

◉─◉ 어휘 Plus
confused 혼란스러운
explanation 설명
cause 야기하다

infuse [ɪnˈfjuːz]

어원 in [안] + fuse [붓다]

동사 불어넣다, 스미다, 우리다

JACK 이번엔 안쪽(in)으로 부어(fuse)볼까? infuse는 '불어넣다, 주입하다'의 뜻인데 찻잎 같은 걸 담아서 우려내는 거름망같이 생긴 기구를 티인퓨저(tea-infuser)라고도 하지.

JUNE 잎의 향과 성분이 물에 스며드는 걸 의미하는구나.

JACK 그래, fuse가 '붓다(pour)'의 뜻이라고 했는데, 마침 안으로 붓는 '주입, 투입'을 뜻하는 단어 pour[포어]의 발음도 '부어'와 비슷하니 함께 외워둬. 스며들거나 우려내는 것에도 사용하는 단어야.

Music infuses a spirit into my soul.
음악은 나의 정신에 활기를 불어넣는다.

⊙-⊙ **어휘 Plus**
pour 붓다
spirit 활기, 정신
soul 정신, 영혼

REVIEW

접두어 prefix	어근 root	접미어 suffix
	odor 〔냄새, 향기〕	
de 〔제거하다〕		ant
	sentire 〔라틴어: 느끼다〕	
	fragr 〔좋은 냄새가 나다〕	ant
	vin 〔와인〕 + aigre 〔신맛〕	
con 〔함께〕		ion
in 〔안〕	fuse 〔붓다〕	
di(s) 〔떨어져〕		
		ion
de 〔제거하다〕	fuse 〔신관〕	

단어
vocabulary

odor	몡 냄새, 향내
deodorant	몡 방취제, 탈취제
scent	몡 향기, 냄새
fragrant	혱 향기로운, 달콤한
vinegar	몡 식초
confusion	몡 혼란, 혼동
infuse	동 불어넣다, 스미다, 우리다
diffuse	동 퍼뜨리다, 확산하다
fusion	몡 융합, 결합
defuse	동 완화하다, 신관을 제거하다

1. It gives off a strange (　　　).
이것은 이상한 냄새를 풍기고 있어.

2. Try using (　　　) to take care of body odor.
체취 관리를 위해서 데오드란트를 한번 사용해봐.

3. This room is filled with the (　　　) of flowers.
이 방은 꽃향기로 가득하다.

4. She always smells of (　　　) shampoo.
그녀는 항상 향긋한 샴푸 향이 난다.

5. I like cucumber pickled in (　　　).
난 식초에 절인 오이가 좋아.

6. The ingredients in a tea bag slowly (　　　) into water.
티백 속 성분이 물속으로 천천히 퍼져갔다.

7. They agreed to (　　　) the crisis.
그들은 위기를 해소하기로 합의했다.

8. This restaurant specializes in (　　　) cuisine.
이 식당은 퓨전요리 전문이다.

9. Their explanation will cause more (　　　).
그들의 설명은 더 많은 혼란을 야기할 것이다.

10. Music (　　　) a spirit into my soul.
음악은 나의 정신에 활기를 불어넣는다.

LESSON 24

cand	하얀, 순수한, 빛나다
lumin	비추다

candid [ˈkændɪd] □□□

어원 cand(ere) [빛나다] + id

형용 솔직한

JACK candid[캔디드]는 '솔직한'의 뜻을 가진 단어야. '빛나다'라는 뜻의 candere에서 유래했지.

JUNE 촛불을 candle[캔들]이라고 하는 것도 다 이유가 있구나. 난 또 촛불 몇 개 '켠들' 티도 안 나길래 그래서 candle인 줄.

JACK 재밌긴 한데, 어원은 말장난이 아니야! 그리고 밝다는 것은 색깔로 치면 '하얀색'이라서 어원 cand-에는 white[와이트]의 의미도 들어 있지. 그러니까 하얗게 빛나는 눈처럼 때 묻지 않은 순수한 마음의 상태를 의미하기 때문에 candid는 '솔직한'의 의미로 쓰이고 있어.

We had a candid talk about the recent conflict.

우리는 최근의 갈등에 대해서 솔직한 대화를 나누었다.

⊙─⊙ **어휘 Plus**

candle 양초
recent 최근의
conflict 갈등

candor [ˈkændər]

어원 cand(ere) [빛나다] + or

명사 솔직, 공정

JUNE 가만히 생각해보니 만화 '들장미소녀 캔디'도 캔디드(candid) 하구나.

JACK 말장난하지 말라고 했지! 하긴 주인공 이름을 막 짓진 않았 겠지. 왠지 달콤하고 귀엽고 솔직한 매력이 느껴지는 이름을 고민하지 않았겠어? 명사형은 candor[캔더]인데 '솔직, 정직' 그리고 '공정'의 뜻이 있어.

His candor was very refreshing.
그의 솔직함은 매우 참신했다.

⊙-⊙ **어휘 Plus**
refresh 생기를 되찾게 하다

솔직히
한 캔 더!

337

candidate [ˈkændɪdət]

어원 cand(idus) [빛나는, 하얀] + ate 「명접」

명사 후보자

JACK candidate[캔디데트]는 '후보자'라는 뜻인데 예전에 관직에 출마한 후보자들이 하얀색 옷을 입고 나왔던 것에서 유래했지. 아무래도 하얀 옷에 정직하다는 이미지가 있다고 생각했나 봐.

JUNE 색깔에 대한 편견이 느껴져서 썩 상쾌하지는 않지만 어쨌든 candidate라는 단어에 정직하고 공명정대하게 봉사하겠다는 마음이 담겨 있다니 왠지 엄숙해지는데?

The candidate was elected on a promise to fight against crimes.
그 후보자는 범죄와 맞서 싸우겠다는 공약으로 당선되었다.

⊙-⊙ 어휘 Plus
elect 선출하다
promise 약속, 공약
fight 싸우다

338

incandescent [ˌɪnkænˈdesnt] ☐☐☐

어원 **in** [안] + **cand**(idus) [빛나는, 하얀] + **ent** 「형접」

형용 눈부시게 밝은, 강렬한, 열정적인

JUNE incandescent? 어찌 읽는 줄도 모르겠구먼.

JACK incandescent[인캔데슨트]란 높은 온도 때문에 빛을 내는 상태를 의미하는데 하얗게 빛이 나서 '눈부시게 밝다'라는 의미야. '하얀'을 뜻하는 cand가 들어 있으니 한자어로는 '백열의'라는 해석도 가능해서 우리가 흔히 사용하는 '백열전구'를 바로 incandescent bulb[벌브]라고 하지. 백열전구라는 게 전구 속(in)에서 고온 상태의 필라멘트가 하얀 빛(cand-)을 내는 원리를 이용한 거잖아? 그리고 눈부시게 강렬한 빛을 낸다는 의미에서 '강렬한' 혹은 '열정적인'의 뜻도 있어.

JUNE 하여간 앞으로 cand-가 빛나거나 하얀 것과 관련 있다는 것만 알면 얼추 맞힐 수 있겠어.

JACK 거기에다 깨끗한 이미지까지 확장해서 연상하면 단어를 이해하는 데 더욱 도움이 될 거야.

It was an incandescent performance.
그것은 정말 열정적인 공연이었다.

⊙─⊙ **어휘 Plus**
bulb 전구
performance 공연

illuminate [ɪˈluːmɪneɪt] ☐☐☐

어원 il [안(in)] + lumen [빛] + ate 「동접」
동사 비추다, 빛을 밝히다

JACK iluminate[일루미네이트]는 '비추다'라는 뜻인데 어근인 lumin이 cand와 마찬가지로 '빛'의 의미를 가지고 있어. 접두어인 il 은 '안쪽'의 뜻을 가진 in의 변형이라고 보면 돼. 뒤에 나오는 lumin의 발음을 좀 더 수월하게 하기 위함이지. 어원상으로 보자면 안에서 빛을 밝힌다는 해석이 가능한데, 그렇다 보니 명사형인 illumination[일루미네이션]은 '빛, 조명' 등의 의미도 가 지고 있지만 '깨달음'의 의미로도 사용해.

JUNE 음모론에 단골로 나오는 일루미나티(illuminati)와도 관계가 있 나?

JACK 물론. '계몽된 사람들, 깨우친 자들'이란 뜻인데 똑같이 lumin 의 어원에 해당하는 lumen에서 비롯된 단어야. lumen은 환 한 정도를 나타내는 단위로 사용되고 있어.

The room was illuminated by candles.
그 방은 촛불로 환하게 밝혀져 있었다.

⊙-⊙ **어휘 Plus**
illumination 빛, 조명, 깨달음
illuminati 일루미나티

leukemia [luːˈkɪːmɪə]

☐ ☐ ☐

어원 leuk [빛] + haima [혈액]

명사 백혈병

JACK light[라이트]의 어원인 leuk-를 그대로 담고 있는 단어 중에 leukemia[루키미어]가 있어. 그리스어 leukos는 흰색을 의미해. mia 부분의 원형은 haima인데 '혈액'의 뜻이야. 합하면 흰색 혈액, 즉 백혈병이란 단어가 된다고. 병명은 그리스어로 만들어지는 경우가 많은데 leukemia라는 명칭의 역사는 200년이 채 되지 않아. 그나저나 피가 하얀 병이라는 건 무슨 뜻인지 모르겠어.

JUNE 혈액을 원심 분리하면 적혈구와 나머지 혈장의 경계층이 하얗게 보여서 백혈구라고 하는데 백혈병이란 게 백혈구의 이상 증식으로 생기는 것이기 때문에 그렇게 부르지. 백혈병에 걸리면 아무래도 적혈구의 활동이 제약을 받게 되기 때문에 핏기 없이 창백하게 보이기도 하고, 하여간 요즘엔 완치율이 높아서 참 다행이야.

JACK 갑자기 네가 달라 보여. 낯설다.

She was diagnosed with leukemia.
그녀는 백혈병 진단을 받았다.

⊙-⊙ **어휘 Plus**
diagnose 진단하다

illustration [ˌɪləˈstreɪʃn] □□□

어원 il [안(in)] + lustra(re) [비추다] + tion 「명접」

명사 삽화, 일러스트레이션

JACK 내친 김에 illustration[일러스트레이션]도 같이 알아볼까? 이 단어가 어째서 '삽화'의 의미를 갖게 되었을까?

JUNE '일로 스트레스' 받은 사람들이 만화를 좋아해서?

JACK 이제야 네가 제자리로 돌아왔구나. 먼저 어원을 살펴보면 in은 '안'쪽이란 뜻이고, '빛'의 의미가 있는 lus-가 있어. 안을 비춘다는 건 빛을 비춤으로써 뭔가를 분명히 보여준다는 의미잖아? 그래서 상대방에게 뭔가를 설명할 때 '그림 같은 것을 통해 분명히 보여주다'라는 의미로 illustrate[일러스트레이트]라는 단어가 있어. 그래서 명사형인 illustration은 그려 넣은 '삽화', 그림으로 설명한 '도해'의 의미가 된 거야.

The wrecked car was a graphic illustration.
저 망가진 자동차는 그래픽 삽화이다.

⊙─⊙ 어휘 Plus
illustrate 삽화를 넣다
wreck 망가뜨리다
graphic 그림의, 도표의

lucid [ˈluːsɪd]

□ □ □

어원 **luc**(ere) [빛나다] + **id**
형용 명쾌한, 명료한

JACK lucid[루시드]도 같은 어원(lucere)인데, 라틴어 lucidus(명료한, 밝은)에서 직접 유래한 단어야. lucere(빛나다), lux(빛) 등의 어원에서 모두 영향을 받았다고 볼 수 있어. 뭔가 분명하게 한다는 의미에서 clear[클리어]의 뜻에 좀 더 가까워. 그래서 '분명한, 명료한'의 뜻이지. 이 단어가 들어간 '루시드 드림(Lucid Dream)'이라는 영화도 있는데, 꿈을 꾸면서도 '명료'하게 그 상황을 인지한다는 의미의 '자각몽'을 뜻해.

JUNE 맞아. 나도 이게 꿈인지 현실인지 구별 안 될 때가 많아.

JACK 그건 비몽사몽이라고 해. 술을 끊어!

He gave a lucid explanation of his plan.
그는 자신의 계획에 대해 명료한 설명을 내놓았다.

⊙-⊙ 어휘 Plus
clear 분명한
lucid dream 자각몽

elucidate [iˈluːsɪdeɪt]

☐ ☐ ☐

어원 e(x) [밖] + luc(ere) [비추다] + ate 「동접」
동사 밝히다, 설명하다

JACK lucid의 동사형이라 할 수 있는 단어가 elucidate[일루시데이트] 야. 접두어 e는 ex의 축약형인데, 밖(out)의 의미인 거 기억나지? 즉, 밖으로 비추는 거니까, '밝히다, 설명하다'라는 의미를 짐작으로 알 수 있을 거야. 앞으로 luc, luk, lus가 들어가는 단어들은 빛, 하얀색 같은 걸 떠올리면 돼. 실제로 1미터 거리의 촛불 한 개의 밝기를 나타내는 단위를 '럭스(lux)'라고 해. 몰랐지?

JUNE 응. 우리 집은 초를 안 켜서 몰라. 전부 LED거든.

It's very wise of you to elucidate your mistakes.
자신의 실수를 밝히다니 참으로 현명하다.

⊙–⊙ 어휘 Plus
lux 럭스(조도의 단위)
wise 현명한

1 lux = 1m 거리의 촛불 1개 밝기

lucifer [ˈluːsɪfə]

☐ ☐ ☐

어원	**lux** [빛] + **fer**(re) [나르다]
형용	마왕, 샛별

JACK lucifer[루시퍼] 하면 무엇이 떠오르니?

JUNE 너!

JACK 이런! 하여간 대부분 악마, 사탄 등을 떠올리는데 그 외에도 생뚱맞게 '샛별'이란 뜻을 갖고 있어. 어원으로 보면 '빛(lux)'을 '나르는(ferre)'자란 뜻이야. 빛을 발하는 금성 즉, 샛별을 의미하기도 하지. 원래 루시퍼(Lucifer)는 성경에 나오는 신에게 가장 사랑받던 천사의 이름인데, 신의 자리를 탐해서 지옥으로 추방당했어. 그래서 악마의 대명사가 되었지. 이 이야기를 알고 있으면 lucifer에 전혀 다른 두 가지 뜻이 있는 걸 쉽게 이해할 수 있을 거야.

Lucifer is another name for Satan.
루시퍼는 사탄의 다른 이름이다.

⊙–⊙ 어휘 Plus
another 또 하나의, 다른

REVIEW

접두어 prefix	어근 root	접미어 suffix
	cand(ere)〔빛나다〕	id
		or
	cand(idus)〔빛나는, 하얀〕	ate
in〔안〕		ent
il〔안(in)〕	lumen〔빛〕	ate
	lustra(re)〔비추다〕	tion
	leuk〔빛〕 + haima〔혈액〕	
	luc(ere)〔빛나다〕	id
e(x)〔밖〕		ate
	lux〔빛〕 + fer(re)〔나르다〕	

candid	형 솔직한
candor	명 솔직, 공정
candidate	명 후보자
incandescent	형 눈부시게 밝은, 강렬한, 열정적인
illuminate	통 비추다, 빛을 밝히다
illustration	명 삽화, 일러스트레이션
leukemia	명 백혈병
lucid	형 명쾌한, 명료한
elucidate	통 밝히다, 설명하다
lucifer	명 마왕, 샛별

QUIZ

1. We had a (　　　) talk about the recent conflict.
우리는 최근의 갈등에 대해서 솔직한 대화를 나누었다.

2. His (　　　) was very refreshing.
그의 솔직함은 매우 참신했다.

3. The (　　) was elected on a promise to fight against crimes.
그 후보자는 범죄와 맞서 싸우겠다는 공약으로 당선되었다.

4. It was an (　　　) performance.
그것은 정말 열정적인 공연이었다.

5. The room was (　　　) by candles.
그 방은 촛불로 환하게 밝혀져 있었다.

6. She was diagnosed with (　　　).
그녀는 백혈병 진단을 받았다.

7. The wrecked car was a graphic (　　　).
저 망가진 자동차는 그래픽 삽화이다.

8. He gave a (　　　) explanation of his plan.
그는 자신의 계획에 대해 명료한 설명을 내놓았다.

9. It's very wise of you to (　　　) your mistakes.
자신의 실수를 밝히다니 참으로 현명하다.

10. (　　　) is another name for Satan.
루시퍼는 사탄의 다른 이름이다.

LESSON 25

alt	높은
alb · blanc	하얀

Alps ['ælps] □ □ □

어원 **alt**(us) or **alb**(us) ['높은' 또는 '하얀'에서 유래]

명사 알프스 산맥

JACK 알프스 산맥과 백두산(白頭山)은 공통점이 하나 있는데 둘 다 '산마루가 눈으로 덮인 산'이라는 이름을 가지고 있어. Alps 는 '높다'라는 의미의 라틴어 altus와 '하얗다'라는 의미의 albus에서 유래한 명칭이야. 특히 알프스의 가장 높은 봉우리는 몽블랑(Mont Blanc)인데, 대부분 프랑스 쪽에 자리 잡고 있어서 명칭도 프랑스 말이지. mont은 '산', blanc은 '하얗다'라는 뜻이야. 하여간 Alps는 '높고 흰 산'을 의미하는 말이지.

JUNE 지금까지 안 가본 곳 중에 가장 아름다운 곳이야.

How does it feel to ski in Alps?
알프스에서 스키를 타는 기분은 어떨까?

blank [blæŋk]

어원 blanc [하얀]

명사 여백, 공백 **형용** 백지의, 텅 빈

JUNE 하얀색을 의미하는 단어가 꽤 많네? 앞에서 배운 cand도 있었고, albus 그리고 blanc까지.

JACK 맞아. 그래서 하얗게 비어 있는 공백란을 블랭크(blank)라고 하잖아. '여백, 공백'이란 뜻인데 '텅 비어 있다'의 의미로도 사용하지.

JUNE 근데, 담요를 '블랭킷'이라고 하잖아. 그것도 무슨 관련이 있는 거 아니야?

JACK 어휘 실력이 일취월장하는구나. blanket[블랭킷]도 생긴 걸 보면 알겠지만 '하얗다'라는 의미가 들어 있어. 아주 옛날로 돌아가볼까? 염색 기술이 지금처럼 발달하지 못했던 시절 하얀색 천이 있었는데 그걸 blanket이라고 불렀어. 하얗다는 blanc가 그 속에 들어 있지. 그걸 덮고 자는 데도 사용하다보니 담요가 blanket이 된 거야.

The TV screen suddenly went blank.
TV 화면이 갑자기 빈 화면이 되었다.

⊙-⊙ **어휘 Plus**
blanket 담요
screen 화면, 스크린

blaze [bleɪz]

어원 blas [빛나는, 하얀]

명사 불꽃, 화염   **동사** 타다, 불태우다

JACK blaze[블레이즈]의 어원은 blas인데 이 또한 '하얀(white), 빛나는 (shining) 것'을 의미하는 단어야. blaze는 그래서 하얗게 타오르는 불꽃, 화염을 의미하기도 하고 동사로 사용되면 '타다, 불태우다'의 뜻이 돼.

JUNE blaze의 어원이 블라스(blas)라니…. '불났어?'

JACK 관련성 높은 아재 개그라 용서할게. 그리고 꼭 하얀색이 아니더라도 밝은색의 빛나는 상의 재킷을 '블레이저(blazer)'라고 부르기 시작한 이유도 바로 '빛나다'라는 의미와 관련이 있지.

I managed to extinguish the blaze.
어찌해서 불길을 잡을 수 있었다.

Blazer

⊙–⊙ 어휘 Plus
blazer 재킷

bleach [bliːtʃ]

☐☐☐

어원 **blæcan** [고대 영어: 하얗게 만들다]

명사 표백, 미백

JUNE 잠깐! 그러고 보니 우리 집 표백제에서 bleach[블리치]라는 글자를 본 것 같은데 그것도 관련이 있어?

JACK 옷은 저렴해 보이는데 표백제는 외제 쓰나 보구나. bleach는 색깔을 제거함으로써 하얗게 만드는 '표백, 미백'의 뜻이야. 어원을 인도유럽조어 단계까지 거슬러 올라가 보면 bhel(빛나다, 타다)를 만나게 되는데, blanc(하얀)의 어원도 같은 거야. bhel이 우리말 '불'처럼 보이는 것도 재미있지?

JUNE 블리치가 '미백'의 뜻이라면 치약 이름으로 딱인데?

She used bleach to whiten the laundry.
그녀는 세탁물을 하얗게 하기 위해 표백제를 사용했다.

⊙~⊙ **어휘 Plus**
whiten 하얗게 만들다
laundry 세탁물

albino [ælˈbaɪnoʊ]

어원 **alb**(us) [하얀]

명사 (색소결핍으로) 백피증에 걸린 사람

JACK Alps에서 이야기했듯 albus, alb가 보이는 단어는 흰색과 관련이 있을 수 있어. 예를 들어 색소결핍으로 피부가 하얀 사람들을 albino[앨바이노우]라고 하는데 이 명칭 속에도 alb가 들어 있지. album[앨범]도 하얀색 판자에 그림이나 시를 그려서 보관하던 것을 의미하는 단어야. 그리고 알부민 주사(단백질 주사)의 albumen[앨부민]은 사실 달걀흰자를 말하는데, 단백질의 '백'이 흰색이란 뜻의 한자거든, '흰 백(白)'. 그리고 '단'은 '새의 알 단(蛋)'이니까 단백질은 새 알의 흰자를 의미하는 단어지.

JUNE 우리 동네 편의점 알바생 얼굴도 하얗던데.

JACK 그 알바는 독일어 arbeit(아르바이트)를 우리식으로 줄여 표현한 거잖아. 육체적인 노동이나 직업을 일컫는 말이야.

JUNE 독어는 내가 '알 바' 아니고.

Albinos are all white due to genetic reasons.
알비노는 유전적 이유로 온통 하얗다.

⊙─⊙ **어휘 Plus**
albumen 흰자
genetic 유전의
reason 이유

altitude [ˈæltɪtuːd]

☐ ☐ ☐

어원 alt(us) [높은] + tude 「형접」

명사 고도, 높은 지역

JACK '고도, 높은 지역'을 뜻하는 영단어 altitude[앨티튜드]는 '높이'를 의미하는 라틴어 altitudo에서 유래했는데 어근 altus가 여기에 들어 있어. 높은 것을 묘사하는 altus는 alt의 형태로 현재 단어 속에 남아 있는데 실생활에 사용되는 단어는 몇 개 되지 않아서 일부러 암기할 필요는 없어. alt의 의미를 알고 있다면 다른 복합어의 뜻도 쉽게 유추할 수 있지. 이를테면 측량과 관련된 단어인 meter[미터]를 붙이면 altimeter[앨티머터], 높이를 재는 '고도계'가 되겠지?

JUNE 우리말이 속한다는 '알타이 제어(Altaic languages)'와도 관련이 있을까?

JACK 알타이족이 우랄산맥 근처에 사니까 높은(alt) 곳과 관련이 있을 것 같긴 한데 그것까진 모르겠어. 어원 공부에 관심이 커지다 보면 역사와 지리에까지 관심을 갖게 되지. 이제 곧 언어학자 한 분 나시겠는걸.

An albatross flies at very high altitude.
앨버트로스는 높은 고도에서 난다.

⊙-⊙ **어휘 Plus**
altimeter 고도계

355

exalt [ɪgˈzɔːlt]

☐ ☐ ☐

어원 ex [밖, 위쪽] + alt(us) [높은]

동사 높이다, 칭찬하다, 극찬하다

JACK 이번에는 alt 앞에 ex를 붙여볼까? ex에는 지금까지 배운 '밖'이라는 의미 말고 '위쪽'이라는 의미도 있어. 직관적으로 '아래쪽(downward)'은 땅속이 되기 때문에 '밖'의 개념으로는 적절하지 않다 보니 상대적으로 upward만 out의 범주에 포함될 수 있지. 그래서 ex + alt는 '위쪽으로 + 높이', 즉 '드높이다'의 의미가 형성되면서 '승격시키다, 칭찬하다, 선양하다'의 뜻을 가지게 되었어.

JUNE exalt[이그졸트]라…. "이거 좋다!" 하면서 마구 띄워줄 때 사용하면 되겠군.

JACK pun에는 정말 천재적이구나!

He exalted me to the skies.
그는 나를 극찬했다.

⊙–⊙ **어휘 Plus**
downward 아래쪽
upward 위쪽

adult [əˈdʌlt]

□ □ □

어원 ad [to] + alescere [키워진]
명사 성인

JACK alt가 '높이'의 의미가 있는 이유는 al- 부분이 나무가 위로 쭉 쭉 자라듯 성장하는 것을 의미하기 때문이야. 성장한다는 것은 나이가 드는 것이기도 해서 al- 부분에는 '키우다(grow), 자라다(old)'의 의미도 들어 있는데 여기 adult[어덜트] 단어 속의 ult도 old와 관련이 있어. 생긴 것도 비슷하잖아? 그리고 앞서 말한 대로 old는 al-과 관련 있고 al-은 alt에서 나온 것이라 모두 관련이 있다는 것이지. adult는 잘 알다시피 '성인'이라는 뜻이야. 어원으로 직역을 하자면 '자라나는 방향을 향해, 키워진 존재'라는 의미라고 할 수 있어.

JUNE adult가 좋은 건 영화 볼 때 말곤 없는 듯. 학창시절이 그리워지네.

Children must be accompanied by an adult.
아동은 반드시 성인과 동행해야 합니다.

⊙─⊙ **어휘 Plus**
must be ~해야 한다
accompany 동반하다

adolescence [ˌædəˈlesns]

□ □ □

어원 **ad** [to] + **alescere** [키워진] + **ence** 「명접」
명사 사춘기, 청소년기

JACK '청소년'을 adolescent[애덜레슨트]라고 하는데 adult와 같은 어원을 가진 단어야. '점점 자라다, 성숙해지다'의 의미로부터 나와 '청소년, 청년'을 포함해. 그래서 adolescence[애덜레슨스]라고 하면 '사춘기'를 의미하기도 하지.

JUNE 어떻게 읽는 거야? 애덜레슨스? '애들 레슨'받는다 생각하고 외워야겠네.

That is a natural thing in adolescence.
그것은 사춘기 시절에 자연스러운 현상이야.

⊙-⊙ **어휘 Plus**
adolescent 청소년
natural 자연스러운

아이들은 잘한다 잘한다
해야 잘 자란다

abolish [əˈbɑːlɪʃ]

어원 ab [~로부터 떨어져] + adolere [키우다] + ish

동사 없애다, 폐지하다

JACK abolish[어발리쉬]에도 접두어 ab 다음에 어근 ol이 보이지? 이 것도 old의 뜻이야. 접두어 ab는 '~로부터 떨어져'의 뜻이 니까, 오래된(old) 것을 없애거나(off), 거기서 벗어나는(away from) 것, 즉, 오래되고 낡아서 문제가 되는 무엇을 없애거나 (off) 거기서 벗어난다(away from)는 의미를 표현하고자 할 때 적절한 동사라고 할 수 있어. 그래서 abolish는 '폐지하다'라 는 뜻이 된다고. 특히 낡고 오래된 제도나 구습은 하루빨리 철폐해야 한다고 생각해. 그렇지 않니?

JUNE '어, 빨리 쒸….'

We have to abolish bad customs.
우리는 악습을 철폐해야 한다.

ⓞⓞ 어휘 Plus
custom 관습

REVIEW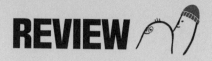

접두어 prefix	어근 root	접미어 suffix
	alt(us) **or alb**(us) 〔'높은' 또는 '하얀'에서 유래〕	
	blanc〔하얀〕	
	blas〔빛나는, 하얀〕	
	blæcan 〔고대 영어: 하얗게 만들다〕	
	alb(us)〔하얀〕	
		tude
	alt(us)〔높은〕	
ex〔밖, 위쪽〕		
ad〔to〕	**alescere**〔키워진〕	
		ence
ab〔~로부터 떨어져〕	**adolere**〔키우다〕	**ish**

단어
vocabulary

Alps	명 알프스 산맥
blank	명 여백, 공백 형 백지의, 텅 빈
blaze	명 불꽃, 화염 동 타다, 불태우다
bleach	명 표백, 미백
albino	명 (색소결핍으로) 백피증에 걸린 사람
altitude	명 고도, 높은 지역
exalt	동 높이다, 칭찬하다, 극찬하다
adult	명 성인
adolescence	명 사춘기, 청소년기
abolish	동 없애다, 폐지하다

QUIZ

1. How does it feel to ski in (   )?
   알프스에서 스키를 타는 기분은 어떨까?

2. The TV screen suddenly went (   ).
   TV 화면이 갑자기 빈 화면이 되었다.

3. I managed to extinguish the (   ).
   어찌해서 불길을 잡을 수 있었다.

4. She used (   ) to whiten the laundry.
   그녀는 세탁물을 하얗게 하기 위해 표백제를 사용했다.

5. (   ) are all white due to genetic reasons.
   알비노는 유전적 이유로 온통 하얗다.

6. An albatross flies at very high (   ).
   앨버트로스는 높은 고도에서 난다.

7. He (   ) me to the skies.
   그는 나를 극찬했다.

8. Children must be accompanied by an (   ).
   아동은 반드시 성인과 동행해야 합니다.

9. That is a natural thing in (   ).
   그것은 사춘기 시절에 자연스러운 현상이야.

10. We have to (   ) bad customs.
    우리는 악습을 철폐해야 한다.

LESSON

26

lev- 가벼운

lever [ˈlevər]

어원 lev(is) [가벼운] + er 「명접」
명사 레버, 지레

JACK 이번 장에선 우리 두 사람과는 좀 거리가 있는 '가벼운'의 뜻을 가진 단어로 시작해볼 거야.

JUNE 왜 그래? 우린 몸은 무거워도 입은 가볍잖아.

JACK 먼저 '지레' 혹은 '지렛대'를 영어로 lever[레버]라고 해. 그 모습을 연상해보면 받침대 하나에 쇠막대기 하나만 있으면 지레의 원리가 성립하잖아. 하여간 이 lever를 이용하면 무거운 것을 가볍게(light) 움직일 수 있기 때문에 lever는 '가볍다'라는 의미의 어원에서 비롯된 단어라는 것이지.

We can lift this stone with a lever.
지레를 사용해서 이 돌을 들어 올릴 수 있어.

◎-◎ **어휘 Plus**
light 가벼운
lift 들어 올리다

crowbar [ˈkroʊbɑː(r)]

☐ ☐ ☐

어원 crow [까마귀] + bar [막대]

명사 쇠지레

JUNE 그런 쇠막대기를 '빠루'라고 하잖아.

JACK 아, 그건 일본말이야. 지레의 원리를 이용해서 큰 못 따위를 빼거나 무거운 물건을 살짝 들어 올릴 때 유용한 도구를 우리말로는 '쇠지레', 영어로는 crowbar[크로우바]라고 하지. 이 crowbar에서 막대기를 의미하는 bar 부분만 일본말에서 가져와 그들의 발음대로 '빠루'라고 부르는 거야.

JUNE 어? 그런데 crow[크로우]는 '까마귀' 아냐?

JACK 맞아. 잘 알아봤네! 그 막대기의 끝부분이 까마귀 발처럼 살짝 벌어져 있어서 붙인 이름이야. 눈가의 주름살도 그래서 crow's feet[크로우즈 핏]이라고 해.

Bring me a crowbar to get this open.
이것 좀 열게 쇠지레 좀 가져다줘.

◉─◉ 어휘 Plus
crow 까마귀
crow's feet 눈가의 주름살

crow's feet

leaven [ˈlevn]

어원 lev(are) [들어 올리다] + en 「명/동접」

명사 효모, 누룩 **동사** 발효시키다, 변화(생기)를 주다

JACK 술을 담글 때 발효제 역할을 하는 것을 누룩이라고 하는데, 이 누룩을 '띄운다'라고 하지? 가벼워서 위로 뜨니까 말이야. 이런 누룩이나 효모를 영어로 leaven[레븐]이라고 해. 바로 '가볍다', 그래서 위로 '띄우다, 들어 올리다'의 뜻으로 붙인 이름이야. 그리고 효모는 발효를 통해서 극적인 변화를 만들어내기 때문에 '변화를 주다'라는 의미로도 사용해.

JUNE 빵을 발효시킬 때도 leaven을 쓸 수 있어?

JACK 물론이야. 효모나 베이킹파우더 같은 것으로 부풀리니까. 그리고 우리말처럼 '분위기를 띄우다'라는 표현으로 사용하기도 해. 가벼워서 뜨는 현상이 분위기를 위로 띄우는 데까지 연결되는 거지.

어떻게든 빵 터지는 분위기를…

His jokes leavened to his speech.
그의 농담은 연설에 생기를 더해주었다.

⊙─⊙ 어휘 Plus
joke 농담
speech 연설

elevate [ˈelɪveɪt] □□□

어원 e(x) [밖, 위쪽] + lev(are) [들어 올리다] + ate「동접」

동사 승진시키다, 들어 올리다

JACK elevator[엘리베이터]도 마찬가지야. 여기 들어 있는 lev가 바로 '들어 올리다'라는 뜻이 있거든. 접두어 e는 원래 ex인데 '위쪽으로'의 의미도 있다고 했던 것 기억나지? 그래서 위로 올라가는 것이니까 elevate[엘리베이트], '들어 올리다, 승진시키다'라는 뜻이야. 여기에 행위자를 뜻하는 접미어 or을 붙이면 우리가 늘 타고 다니는 elevator가 돼.

JUNE 엘리베이터가 내려가기도 하잖아.

JACK 애초에 올라가려고 만들었지 내려가려고 만들었겠니?

You do something to elevate your mood.
네 기분을 북돋을 수 있는 뭔가를 좀 해봐.

⊙-⊙ **어휘 Plus**
something 어떤 것, 무엇

367

levy [ˈlevi]

어원 lev(er) [들어 올리다, 모으다]

동사 부과하다, 징수하다　**명사** 추가 부담금

JACK　levy a tax[레비 어 텍스]라고 하면 '세금을 부과하다'라는 말이야. 여기서 lev는 '들어 올리다'의 의미야. 이처럼 올리는 것이다 보니 '추가 부담금'이나 '징수하다' 같은 단어로도 사용되고 있지.

JUNE　그런데 어째서 가볍다는 의미의 lev에 들어 올린다는 뜻이 들어 있는 거야?

JACK　사물이 공기보다 가벼우면 하늘로 올라가지? 뭐든 무거우면 내려가고 가벼우면 올라간다는 직관적인 느낌이 있어. 올라 가는 것은 들어 올리는 것과 상통하고. 그래서 lev에는 '가볍 다'와 '들어 올리다'라는 뜻이 모두 들어 있지.

Heavy tax was levied on luxuries.
사치품에 무거운 세금이 부과되었다.

⊙⊙ **어휘 Plus**
tax 세금
luxury 사치, 사치품

levity [ˈlevəti]

☐☐☐

어원 **lev**(is) [가벼운] + **ity** 「명접」

명사 경솔, 경박, 변덕

JACK levity[레버티]라고 하면 어근 lev(가벼운)에 명사형 접미어 ity를 더해서 가벼움을 의미하는 어원 그대로 '경솔'이라는 뜻이야. 일상적 대화에서는 경박함을 나타내고자 할 때 rash[래쉬]라는 단어를 주로 사용해. 예를 들면 rash act[래쉬 액트]는 '경솔한 행동'을 의미하는 표현이거든. 그에 비해 이 levity는 좀 격식을 갖춘 문어체 단어라 할 수 있어. 우리말로 '경솔, 경박, 경거망동' 같은 느낌의 단어라고 할 수 있지. 특히 신중하게 처신해야 하는 일을 생각 없이 대충 처리한다든가, 중요한 자리에 있으면서 가볍게 처신하는 사람에 대한 기사문 같은 곳에 어울리는 단어야. 어때 설명이 귀에 쏙쏙 들어오지?

JUNE 응, 경거망동하는 당사자가 직접 설명해주는 느낌이라 정말 귀에 쏙쏙 들어와.

There is no time for levity.
경거망동할 때가 아니야.

◎◎ 어휘 Plus
rash 경솔한, 발진, 두드러기

알쏭Tip rash[래쉬]에는 위에 언급된 '경솔한'이라는 뜻 외에 '발진, 두드러기'라는 뜻도 들어 있다. 이 뜻은 전혀 다른 단어, 긁어서 생긴 상처 등을 의미하는 프랑스어 rache에서 유래했다.

lung [lʌŋ]

□ □ □

어원 **lungen** ['가벼운 장기'에서 유래]

명사 폐, 허파

JACK 폐, 허파를 영어로 lung[렁]이라고 하는데, 이것도 어원을 거슬러 올라가 보면 무게가 '가벼운 장기'라는 의미가 있어. 특히 동물의 lung은 lights[라잇츠]라고도 해. 어원으로 보면 똑같은 단어지.

JUNE 하지만 폐를 꺼내 들어보기 전까진 가벼운 줄 알 수가 없잖아?

JACK 물론 동물의 폐를 들어보며 생각난 light(가벼운)라는 단어에 폐가 양쪽에 있으니 복수형 s를 붙여 lights가 된 거지. 사람의 경우에도 폐가 커다란 용적을 가진 장기임에도 불구하고 무게가 성인 기준 500~600그램 정도밖에 되지 않아서 가벼운 장기라는 생각을 하게 되었는데 다른 동물들처럼 lights라고 할 수는 없고 의학의 느낌이 물씬 나는 lung으로 사용하게 된 거야.

He fully recovered from lung cancer.
그는 폐암으로부터 완전히 회복했다.

⊙┈⊙ 어휘 Plus
lights 가축의 허파
fully 완전히
recover 회복하다

alleviate [əˈliːvieɪt]

□ □ □

어원 **al**[to] + **lev**(is) [가벼운] + **ate** 「동접」

동사 완화하다, 경감하다

JACK alleviate[얼리비에이트]의 접두어 al의 원형은 ad인데 뒤에 나오는 leviate의 첫 글자인 L 때문에 자음동화로 인하여 al로 변형된 거야. 그냥 동사 앞에 붙이는 to라고 보면 돼. 동사형 접미어 -ate가 더해지면 '가볍게 하다'의 의미가 되겠지. 심각한 문제나 고통 따위를 가볍게 만들어준다는 뜻이야. 고상한 말로 '완화하다, 경감하다'. 여러 가지 상황에 많이 사용되는 중요한 단어라 할 수 있어.

JUNE 사실 우리말에는 '완화'하는 상황이 너무나 다양한데 막상 적용하려 하면 영어의 느낌으로 맞는 것인지 주저하게 돼. 예를 들면 정책 완화, 고통 완화, 경직된 분위기 완화, 탈모 증상 완화, 매운 맛 완화, 각종 부담 완화 등등 말이야.

JACK 걱정 마, 방금 나열한 모든 상황에 alleviate를 다 사용할 수 있어.

This pill will alleviate the pain.
이 알약이 고통을 완화해줄 것이다.

⊙─⊙ 어휘 Plus
pill 알약
pain 고통

relieve [rɪˈliːv]

□ □ □

어원 **re** [강조] + **lev**(are) [들어 올리다]

동사 완화하다, 안도하다, 경감하다

JACK alleviate와 비슷한 의미의 단어로 relieve[릴리브]가 있는데, 여기서 re는 강조의 접두어야. 마찬가지로 '완화하다, 덜어주다'의 뜻인데, alleviate와 비교하자면 좀 더 구어체에 가까울 뿐만 아니라, 가벼운 고통에서 큰 문제에 이르기까지 폭넓게 두루 사용하는 단어라 할 수 있어. 명사형은 relief[릴리프], '안심, 완화' 등의 뜻인데, '구호물자'라는 의미로도 사용된다는 것을 알아두면 좋겠지?

JUNE 안심과 구호물자의 거리감이 이제 이해되기 시작했어. 이 정도면 의미의 확장 영역 내에 충분히 포함될 수 있는 수준이지.

I was relieved to hear the news.
뉴스를 듣고 안심되었다.

⊙-⊙ **어휘 Plus**
relief 안심, 완화, 구호물자

relevant ['reləvənt]

☐ ☐ ☐

어원 **re** [강조] + **lev**(is) [가벼운] + **ant** 「형접」

형용 관련 있는, 적절한

JACK relevant[렐러번트]는 문제를 해결하거나 완화하는 데 도움이 되는 것들을 표현하는, '관련 있는, 적절한'의 뜻을 가진 형용사야.

JUNE related[릴레이티드]도 '관련 있는'인데 무슨 차이야?

JACK related는 banana와 yellow, fruit의 관계처럼 단순한 관련성을 나타내고, relevant는 어떤 영향을 끼치는 관계로 볼 수 있어. 예를 들어 갑자기 독감이 유행한다면 마스크, 청결, 검역 등이 relevant한 단어가 되는 거야. 관계 중에서도 문제 해결에 도움이 되는 관련성을 가지고 있을수록 더욱 relevant한 단어가 되지. 명사형은 relevance[렐러번스]로 '관련 있음', 즉 '타당성, 적절성'의 의미를 가지고 있어.

We need a relevant step to this matter.
우리는 이 문제에 대해 적절한 조치가 필요하다.

⊙-⊙ **어휘 Plus**
related 관련 있는
relevance 타당성, 적절성
fruit 과일

REVIEW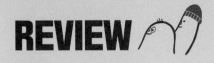

접두어 prefix	어근 root	접미어 suffix
	lev(is) 〔가벼운〕	er
		ity
al 〔to〕		ate
		ant
re 〔강조〕	**lev**(are) 〔들어 올리다〕	en
e(x) 〔밖, 위쪽〕		ate
	lev(er) 〔들어 올리다, 모으다〕	
	lungen 〔'가벼운 장기'에서 유래〕	
	crow 〔까마귀〕 + **bar** 〔막대〕	

단어
vocabulary

lever	몡 레버, 지레
levity	몡 경솔, 경박, 변덕
alleviate	통 완화하다, 경감하다
relevant	혱 관련 있는, 적절한
relieve	통 완화하다, 안도하다, 경감하다
leaven	몡 효모, 누룩 통 발효시키다, 변화(생기)를 주다
elevate	통 승진시키다, 들어 올리다
levy	통 부과하다, 징수하다 몡 추가 부담금
lung	몡 폐, 허파
crowbar	몡 쇠지레

QUIZ

1. We can lift this stone with a (   ).
   지레를 사용해서 이 돌을 들어 올릴 수 있어.

2. Bring me a (   ) to get this open.
   이것 좀 열게 쇠지레 좀 가져다줘.

3. His jokes (   ) to his speech.
   그의 농담은 연설에 생기를 더해주었다.

4. You do something to (   ) your mood.
   네 기분을 북돋을 수 있는 뭔가를 좀 해봐.

5. Heavy tax was (   ) on luxuries.
   사치품에 무거운 세금이 부과되었다.

6. There is no time for (   ).
   경거망동할 때가 아니야.

7. He fully recovered from (   ) cancer.
   그는 폐암으로부터 완전히 회복했다.

8. This pill will (   ) the pain.
   이 알약이 고통을 완화해줄 것이다.

9. I was (   ) to hear the news.
   뉴스를 듣고 안심되었다.

10. We need a (   ) step to this matter.
    우리는 이 문제에 대해 적절한 조치가 필요하다.

LESSON

27

ment 정신, 기억

dementia [dɪˈmɛnʃə]

어원 **de** [~로부터 벗어나] + **ment**(e) [정신] + **ia**

명사 치매

JACK 치매를 영어로 dementia[디멘셔]라고 해. 어원을 살펴보면, 접두어 de에는 '~로부터 벗어나'라는 의미가 들어 있지. 어근 ment-는 '정신'을 뜻해. 그러므로 '정신이 정상에서 벗어난 상태'를 의미하는 '치매'가 되지.

JUNE 외국어 학습이 치매 예방에 탁월한 효과가 있다고 하더군.

JACK 맞아. 영국의 한 매체에서 연구 결과를 발표했는데 "새로운 외국어를 배우거나 악기를 연주하는 것은 두뇌를 더욱 효율적으로 만들기 때문에 치매를 예방하는 비결이 될 수 있다"라더군.

My mom is showing early signs of dementia.
엄마는 치매 초기 증상을 보이고 있다.

⊙–⊙ **어휘 Plus**
show 보이다
early sign 초기 증상(조짐)

dement [dɪˈmɛnt]

☐ ☐ ☐

어원 de [~로부터 벗어나] + ment(e) [정신]

동사 미치게 하다

JACK dementia는 사실 dement[디멘트]라는 동사에서 비롯된 단어야. 좀 과격한 단어라고 할 수 있어. 어원이 내포하는 '정신이 나가도록 만들다'라는 의미는 결국 '미치게 하다, 발광하게 하다'의 뜻인데, 치매에 대한 의학적 지식이 없을 때부터 써오던 단어이다 보니 치매 환자를 dement라고 부르기도 했지. 치매에 대한 인식이 일반화되면서 요즘엔 dement라는 단어는 거의 사용하지 않고, dementia를 많이 사용하게 되었어. 아무래도 치매는 현대에 와서 제대로 인식되기 시작했으니까.

JUNE 난 치매가 영어로 알츠하이머병인 줄 알았어.

JACK 물론 Alzheimer's[알츠하이머즈]도 노인성 dementia의 일종이야. 워낙 알츠하이머성 치매가 많다 보니 거의 치매와 같은 뜻으로 사용하고 있어.

He must be demented to say so.
그가 그런 말을 하다니 정신이 나간 게 분명해.

⊙–⊙ **어휘 Plus**
must be ~임이 분명하다

schizophrenia [ˌskɪtsəˈfriːniə] □□□

어원 skhizein [자르다] + phren [정신] + ia

명사 조현병

JUNE 치매는 아니지만, 비정상적인 정신 상태는 뭐라고 해?

JACK 그런 비정상적 정신 상태를 '조현병'이라고 하지. 영어로는 schizophrenia[스킷서프리니어]. 접두어 schizo는 그리스어 skhizein에서 왔는데 '자르다'는 의미야. 어근 phren은 dementia의 ment와 마찬가지로 '정신'이란 뜻이고, '정신을 자르다'라는 의미가 들어 있다 보니 한때 '정신분열증'이라는 표현을 쓰기도 했어. 지금은 순화해서 조현병이라고 부르지.

JUNE '스키조'라는 말은 영화제목, 가수 이름, 별명 등등 많이 들어 보기는 했어도 도대체 무엇을 의미하는지 몰랐는데 '정신분열증'과 관련이 있었어?

JACK schizo[스키조]는 schizophrenia의 약칭이기도 하고, 글자 그대로 '분열'을 의미하기도 해. 그런 이름을 붙인 사람들의 마음은 정확하게 알 수 없지만 철학의 관점에서 자아 분열의 느낌을 담고 있는 건 분명해.

The cause of schizophrenia is still unknown.
조현병의 원인은 아직 규명되지 않았다.

⊙─⊙ **어휘 Plus**
unknown 알려지지 않은

mental ['mentl]

☐ ☐ ☐

어원 **ment** [정신, 기억] + **al** 「형접」

형용 마음의, 정신의

JUNE mental[멘틀]은 정확하게 무엇을 의미해?

JACK mental은 마치 한국어인 양 '멘탈'로 자연스럽게 사용하고 있는 단어인데, '정신적인, 마음의'라는 뜻을 가진 한정적 형용사라서 단독으로 쓸 수 없어. 한정적 형용사는 명사를 수식하는 역할을 하기 때문에 뒤에 반드시 명사가 와야 하지. mental power(정신력)처럼 말이야.

JUNE 아, 그럼 우리가 평소 말하듯이 '멘탈이 강하다'라고 쓰면 안 되겠네?

JACK 그렇지. 그런 건 mental을 '정신력'이라는 명사로 인식하면서 생긴 어법에 맞지 않는 콩글리시야. 그리고 참고로 어근 ment 부분이 의미하는 '정신'은 가슴속 마음이 아니라 머릿속 '정신'이라는 걸 기억해두면 좋아. mind, mental 모두 그런 의미에서 이해해야 돼.

A deep sleep is good for your mental health.
숙면은 정신 건강에 좋다.

⊙-⊙ **어휘 Plus**
mental power 정신력
deep sleep 숙면
health 건강

amnesia [æmˈniːʒə]

☐ ☐ ☐

어원 a [없는(not)] + **mnesi** [정신] + **ia**

명사 기억상실

JACK 머리 부분에 타박상 같은 충격을 받아서 기억을 잃는 기억상실을 amnesia[엠니이저]라고 해. 접두어 a는 '없는'의 뜻인데 뒤의 어근이 해당되지 않는다, 어근대로 하지 못한다는 의미를 가진 부정의 접두어야. 어근 mnesi는 '기억'을 뜻하는 그리스어인데 여기에 부정의 뜻을 가진 접두어 a를 합하면 '기억이 없다'라는 뜻을 가진 amnesia가 완성되지. 참고로 국제사면위원회 Amnesty[앰네스티]도 과거에 있었던 일, 즉 '기억 속의 일을 없애주다'의 의미를 담고 있어.

JUNE Amnesia라는 동명의 보드게임이 생각나네. 뒤집어진 카드 중 똑같은 걸 쌍으로 찾는 건데, 왜 이름을 그렇게 지은 건지 알겠군.

She suffered short periods of amnesia after the accident.
그녀는 사고 이후 잠시 기억상실증에 걸렸다.

👓 어휘 Plus
amnesty 사면
suffer 고통받다, 병을 앓다
period 기간

amentia [əˈmɛnʃə]

□ □ □

어원 a(b) [멀리 떨어져] + ment(e) [정신] + ia

명사 지적 장애

JACK 아까 dementia(치매)라는 단어에서 접두어 de를 빼고 a를 붙여보면 amentia[어멘셔]가 되는데 여기선 접두어 a가 not의 의미가 아니라 ab가 축약된 형태야. ab는 '멀리 떨어져'라는 뜻이 있어. 그래서 '정신에서 벗어난'의 의미가 되는데, '지적장애'로 해석되지. 이 말도 '정신박약'이란 표현을 순화한 것인데 이런 시도는 참 좋은 것 같아.

JUNE a가 not의 a인지, ab의 축약형 a인지 어떻게 구별해?

JACK 사실 처음 보는 단어를 보고 구별하기는 힘들지. 어원 학습법은 어원을 맞추는 게 아니라 어원을 통해서 단어를 제대로, 오래도록 이해하는 걸로 봐야지. 어원은 수단이지 목적이 되면 피곤해진다고.

Amentia is a state of being mentally handicapped.
지적장애는 정신적으로 장애가 있는 상태이다.

⊙─⊙ **어휘 Plus**
mentally 정신적으로
handicap 장애

forgetful [fərˈgetfl]

☐ ☐ ☐

어원 **forget** [잊다] + **ful** 「형접」

형용 잘 잊어버리는, 건망증이 있는

JUNE 그냥 깜빡깜빡하는 정도의 정신 상태인 건망증은 뭐라고 하지?

JACK 건망증은 상황에 따라 amnesia를 쓰기도 하는데 병적인 상태가 아닌 수준의 '건망증'이라면 forgetfulness[퍼겟펄니스] 정도가 적당할 것 같아. 그리고 일상적 대화에서는 forget[퍼게트]나 forgetful[퍼겟풀]로 주로 쓰지. 각각 '잊다', '잘 잊어버리는'이라는 뜻이야. 건망증 이야기가 나온 김에 하는 말인데, 너의 가장 큰 문제가 뭔지 알아?

JUNE 뭔데?

JACK 음⋯ 까먹었다.

I'm so forgetful.
난 잘 까먹어.

⊙-⊙ **어휘 Plus**
forgetfulness 건망증
forgetful 잘 잊어버리는

memento [məˈmentoʊ]

☐ ☐ ☐

어원 **memento** [라틴어: '기억하다'의 명령형]

명사 기념품, 유품, 추억거리

JUNE 아무리 건망증이 심하다고 해도 영화 '메멘토(Memento)'의 주인공보단 낫겠지. 10분 전의 일까지만 기억하잖아.

JACK 좀 더 영어에 가까운 발음은 '머멘토우'인데, 현대 영어의 해석으로는 '기억할 만한 물건'이란 뜻이야. '기념품, 유품' 등으로 사용되는데 이 단어의 어원도 mens, 즉 '정신(mind)'과 관련이 있지. 라틴어 memento는 원래 '기억하라'라는 뜻. 문신을 새겨서까지 기억을 하려는 주인공의 분투가 영화의 제목과 딱 어울리는 듯해.

I'm going to keep this picture as a memento.
나는 이 사진을 추억거리로 간직할 거야.

⊙─⊙ **어휘 Plus**
keep 유지하다, 가지고 있다
picture 사진

???

초단기 기억력

comment [ˈkɑːment]

☐ ☐ ☐

어원 com [함께] + ment [정신, 기억]

명사 발언, 논평, 댓글, 의견

JACK comment[카멘트]라는 단어도 어원을 살펴보면 com은 '함께', 어근에 해당하는 ment는 '기억'과 관련이 있는 부분이니까, 어떤 글을 읽고 내용과 함께 기억할 수 있도록 주석을 달거나 논평하는 것을 의미해. 원래의 내용과 함께(com) 기억(ment) 되도록 언급(comment)하는 거야. 그래서 '발언, 언급, 의견' 등 의 뜻으로 사용할 수 있어. 불리한 상황이라 언급을 회피할 때 뭐라고 하는 줄 알아?

JUNE No comment!(노 코멘트!)

JACK 말해! 분하다… 하지만 정답이야. No comment!

I totally agree with your comment.
너의 의견에 전적으로 동감이야.

ⓞ-ⓞ **어휘 Plus**
totally 완전히

insane [ɪnˈseɪn]

☐☐☐

어원 in [(부정)not] + sane [정신이 올바른]

형용 미친, 정신 이상의

JACK 정신적으로 아픈 걸 떠나서 속된 말로 '미친' 사람이나 터무니없는 행동을 표현하는 insane[인세인]이란 단어도 있어. sane은 '정신이 올바른'이라는 뜻의 단어이기 때문에 여기에 부정의 접두사 in이 붙어서 '정신 이상의'라는 단어가 되는 거야. 바보 같은 실수를 했을 때 '내가 미쳤지'라고 하잖아? 그때 '미쳤지' 하는 느낌으로 사용할 수 있어. 다만 crazy[크레이지]만큼 널리 쓰이진 않고 가끔 긍정적인 의미로도 사용하지만 주로 부정적인 쪽에 사용한다고 생각하면 돼.

JUNE crazy는 갈수록 비속어 '쩔어' 같은 느낌으로 쓰는 것 같아. 긍정적인 경우를 더 많이 듣게 돼.

I wonder if you are insane.
너 미친 거 같아.

미친 거 아냐?

무슨 음이게?

◉-◉ 어휘 Plus

wonder if ~인지 아닌지 궁금하다
crazy 미친

REVIEW

접두어 prefix	어근 root	접미어 suffix
de〔~로부터 벗어나〕	ment(e)〔정신〕	ia
a(b)〔멀리 떨어져〕		ia
a〔없는(not)〕	mnesi〔정신〕	ia
	ment〔정신, 기억〕	al
com〔함께〕		
	skhizein〔자르다〕 + phren〔정신〕	ia
	forget〔잊다〕	ful
	memento 〔라틴어: '기억하다'의 명령형〕	
in〔(부정)not〕	sane〔정신이 올바른〕	

단어
vocabulary

dementia	명 치매
dement	동 미치게 하다
amentia	명 지적 장애
amnesia	명 기억상실
mental	형 마음의, 정신의
comment	명 발언, 논평, 댓글, 의견
schizophrenia	명 조현병
forgetful	형 잘 잊어버리는, 건망증이 있는
memento	명 기념품, 유품, 추억거리
insane	형 미친, 정신 이상의

QUIZ

1. My mom is showing early signs of (　　　).
   엄마는 치매 초기 증상을 보이고 있다.

2. He must be (　　　) to say so.
   그가 그런 말을 하다니 정신이 나간 게 분명해.

3. The cause of (　　　) is still unknown.
   조현병의 원인은 아직 규명되지 않았다.

4. A deep sleep is good for your (　　　) health.
   숙면은 정신 건강에 좋다.

5. She suffered short periods of (　　　) after the accident.
   그녀는 사고 이후 잠시 기억상실증에 걸렸다.

6. (　　　) is a state of being mentally handicapped.
   지적장애는 정신적으로 장애가 있는 상태이다.

7. I'm so (　　　).
   난 잘 까먹어.

8. I'm going to keep this picture as a (　　　).
   나는 이 사진을 추억거리로 간직할 거야.

9. I totally agree with your (　　　).
   너의 의견에 전적으로 동감이야.

10. I wonder if you are (　　　).
    너 미친 거 같아.

LESSON 28

sophos	현명한
vid	보다

sophomore [ˈsɑːfəmɔː(r)]

□ □ □

어원 sophos [현명한] + moros [멍청한]

명사 2학년생

JACK 소포모어 징크스(sophomore jinx)라고 들어봤어? 첫 작품이 성공을 거둔 후 후속작이 실패하는 현상을 말하는데, 원래 데뷔 연도에 너무 주목받는 바람에 2년 차에는 부담을 느껴서 기대에 미치지 못하고 부진에 빠지는 운동선수의 슬럼프를 표현한 데서 유래했지. sophomore[사퍼모어]는 대학교 혹은 고등학교 2학년을 의미하는 단어인데, 어원상 그리스어 sophos와 moros가 합성된 단어야. sophos는 '현명한, 지혜로운'을 의미하고, moros는 '멍청한'이라는 의미야. 합해보면 '지혜롭고 멍청하다'라는 앞뒤 뜻이 맞지 않는 형용모순인 단어가 되지. 1학년(freshman)보다는 더 현명하지만 3, 4학년(junior, senior)들보다는 멍청하기 때문에 2학년을 이렇게 부르게 되었대.

JUNE 뭐든 2년 차라고 하면 기본기는 있지만, 아직 숙달되지 않은 느낌이 있는 게 사실이지. 적절한 해석을 품고 있는 단어로군.

He has been in the sophomore jinx.
그는 2년 차 징크스에 빠져 있다.

⊙⊙ **어휘 Plus**
freshman 1학년
junior 3학년
senior 4학년

392

moron [ˈmɔːrɑːn]

☐ ☐ ☐

어원 moros [멍청한]

명사 바보, 얼간이

JACK 영화나 미드 볼 때 moron[모어란]이라는 단어 많이 들어봤을 거야. '멍청이, 얼간이'라는 뜻인데, 일단 욕설에 해당하니까 사용에 주의해야 돼. 이 단어의 어원도 moros야.

JUNE 달리기하다가 네가 2등을 제쳤어. 그럼 몇 등이게?

JACK 갑자기 무슨 엉뚱한 소리야? 2등 앞이니까 당연히 1등이지!

JUNE 2등을 제치면 이제 네가 2등인 거지. You moron!(바보니?)

JACK 아, 역시 비속어는 벌써 알고 있구나?

Don't be such a moron!
멍청이 짓 하지 마라!

모른다고
Moron 취급해?

oxymoron [ˌɑːksɪˈmɔːrɑːn] ☐☐☐

어원 oxus [날카로운] + moros [멍청한]
명사 모순어법

JACK 앞에서 sophomore는 '지혜롭고 멍청하다'라는 형용모순에 해당하는 단어라고 했지? 그런 '형용모순, 모순어법'을 영어로 oxymoron[악시모어란]이라고 해. 사실 oxymoron도 어원을 풀어보면 '똑똑하고 멍청하다'라는 뜻인데 모순된 묘사나 어법을 표현하는 단어야. 이를테면 sweet sorrow(달콤한 슬픔), sound of silence(침묵의 소리) 같은 표현이 여기에 해당하지.

JUNE oxy는 '날카로운(sharp)'이라는 뜻인데 어째서 '똑똑한'으로 해석하는 거야?

JACK 중요한 질문이야. 원래 어근 oxus는 pointed(뾰족한)의 뜻을 가지고 있는데, 뾰족하다는 것은 끝이 날카롭다는 뜻이고 영어로는 sharp[샤프]에 해당해. 우리말로도 날카로운 질문을 던지거나 지식이 많은 사람을 sharp하다고 하듯이 sharp는 결국 날카로움과 지적인 것 모두를 아우르지.

'The sky is the limit' seems the best oxymoron.
'하늘이 한계다(한계란 없다)'라는 말은 최고의 모순어법 같아.

⊙–⊙ **어휘 Plus**
sorrow 슬픔
silence 침묵
sharp 날카로운, 똑똑한

sophist ['sɑ:fɪst]

□ □ □

어원 sophos [현명한] + ist 「명접」

명사 궤변론자

JACK sophist[사피스트]는 '궤변론자'라는 뜻이야. 나름 배웠다는 학자들이 자신의 지식을 이용해 논쟁에서 억지 논리를 펼치는 경우가 있는데 그런 사람들을 일컫는 말이지. 이 sophist에도 sophos(현명한)가 들어 있어. 단어만으로 보자면 마치 '현명한 사람'에 해당할 것 같지? 토론과 논쟁을 중시하던 고대 그리스 시대에 돈을 받고 지식을 제공하던 사람들을 경멸하는 뜻으로 의미가 변질된 단어라 할 수 있지. 당시 돈에 매수된 학자들이 어떻게든 논쟁에서 이기기 위해 모순된 논리를 갖다 붙이기도 했다는데, 바로 그런 논리를 '궤변', 영어로는 sophistry[사피스트리]라고 해.

JUNE 나처럼 진정한 지식인은 궤변 따윈 하지 않지.

JACK 참신한 궤변이군.

Sophists' reasoning is subtle and specious.
궤변론자들의 생각은 교묘하고 겉만 그럴듯해.

⊙-⊙ **어휘 Plus**
sophistry 궤변
reasoning 사유, 생각
subtle 교묘한, 미묘한
specious 허울만 그럴듯한

philosophy [fəˈlɑːsəfi] □ □ □

어원 **philo** [좋아하는] + **soph**(ia) [지식] + **y**
명사 철학

JACK sophist와는 달리 지혜를 정말 순수하게 좋아하고 추구하는 사람들을 철학자(philosopher)라고 불렀어. 그런 학자들이 추구하는 학문을 philosophy[필라서피]라고 했는데 우리말로는 '철학'에 해당하지. philo 부분이 '좋아하다'의 뜻이어서 결과적으로 지혜(sophos)를 사랑(philo)하는 학문이란 뜻이지.

JUNE 필하모닉오케스트라(philharmonic orchestra)에도 phil이 보이네?

JACK philo 혹은 phil이 붙은 단어들이 알고 보면 꽤 많아. 그 외에도 인류를 사랑하는 박애주의(philanthropy) 같은 단어도 있는데 phil이 들어가는 단어는 대부분 길고 복잡하기 때문에 phil의 뜻만 알아두어도 무척 도움이 될 거야.

I live by this philosophy.
나는 이 철학을 삶의 신조로 삼고 있다.

⊙─⊙ **어휘 Plus**
philosopher 철학자
philanthropy 박애주의

visit [ˈvɪzɪt]

☐ ☐ ☐

어원 vid(ere) [보다] + it [가다]
동사 방문하다 **명사** 방문

JACK sophos의 영어 의미에 해당하는 wise, 즉 '현명하다, 지혜롭다'라는 것은 뭘 안다는 것이잖아? 뭘 알고 있으니 지혜롭고 현명한 것이지. 그래서 wise 자체의 어원은 weid-인데 '알다(to know)'의 뜻이고 더 거슬러 올라가 보면 see를 만나게 돼. 즉, 우리가 뭘 모르다가도 직접 보면 알게 되듯이 '보다'와 '알다'는 의미상 같은 맥락을 가진 단어라 할 수 있어. visit[비지트]는 '방문하다'의 뜻인데 이것도 '보다'와 '가다'를 합해서 '가서 보다, 가보다'의 뜻이 되는 거야. 가보는 행위는 단순히 가는 동작에 그치는 것이 아니라 뭔가를 알기 위해 목적을 가지고 가는 동작이기 때문에 목적성이 느껴지는 '방문하다'의 뜻이 되는 거지.

JUNE '먹어보다, 가보다, 살아보다'에서 보듯 우리말 문법으로 동사 뒤의 '보다'는 동작을 시험 삼아 해본다는 의미를 가진 보조용언에 속해. 한글 문법의 기본기가 있으니 훨씬 수월한 걸? 에헴.

It's my first visit to New York.
뉴욕 방문은 이번이 처음입니다.

vision [ˈvɪʒn]

어원 vid(ere) [보다] + ion

명사 시력, 눈, 환상, 비전(포부), 통찰력

JACK vision[비전] 하면 뭐가 제일 먼저 떠오르니?

JUNE 당연히 television[텔리비전] 아니겠어?

JACK 맞아. 텔레비전은 멀리(tele) 있는 것을 보는 것(vision)이라 vision의 의미를 쉽게 알 수 있는 단어라 할 수 있지. 하지만 vision은 단순히 눈으로 보는 것을 넘어서서 '환상'이나 '통찰력' 그리고 미래에 대한 '포부'나 '계획'의 의미에 이르기까지 폭넓게 사용되고 있어. 아무래도 '보는 것'이 '눈'과 관련되어 있다 보니 말 그대로 '눈'이나 '시력'을 직접 의미하는 단어이기도 하고. 라틴어 videre가 어원인데 그래서 vid-, vis-가 들어간 단어들이 '보는 것'과 관련 있어. video[비디오우], visual[비쥬얼]만 해도 와 닿지?

Knowledge is love and light and vision.
지식은 사랑이요, 빛이며 통찰력이다. 〈헬렌 켈러〉

⊙─⊙ **어휘 Plus**
video 영상
visual 시각의, 시각 자료
knowledge 지식

prevision [prɪˈvɪʒn]

어원 pre [미리] + vid(ere) [보다] + ion「명접」

명사 예지, 예견

JACK 그렇다면 prevision[프리비전]은 무슨 뜻일까? pre는 대개 시간 상으로 '미리'라는 뜻을 가진 접두어야.

JUNE 그렇다면 '미리 보는 것?' 뭔가를 미리 볼 수 있다는 건 미리 안다는 것이잖아. 그렇다면 '선견지명, 예지'라는 뜻이겠지.

JACK 와! 곧 하산할 것 같아. 너무 기쁘다. 이젠 매일 안 봐도 되 잖아.

He may be a man of prevision to foresee the future.
미래를 예견하다니 그는 예지자인지도 몰라.

올겨울 추워…
눈 올 거야…

⊙–⊙ **어휘 Plus**
foresee 예견하다

provide [prəˈvaɪd]

☐ ☐ ☐

어원 **pro** [앞을] + **vid**(ere) [보다]

동사 제공하다, 공급하다

JACK prevision과 어원상 거의 비슷한 provide[프로바이드]라는 단어가 있어. '제공하다, 공급하다'의 뜻을 가진 단어인데, 상황을 예측해서 미리미리 준비한다는 의미에서 비롯된 단어라 할 수 있어. 미리 예측하고 준비해서, 제공하고, 공급한다는 의미의 동사야.

JUNE supply[서플라이]도 '공급하다'라는 뜻으로 알고 있는데, 똑같네?

JACK 맞아. 하지만 엄밀하게 본다면 supply는 뭔가를 지속적으로 제공하는 것이거나 큰 규모에 해당해. 예를 들어 수도 공급 (water supply)이나 가스 공급(gas supply) 같은 데 더 어울리지.

We provide help to those in need.
우리는 어려운 사람들에게 도움을 제공합니다.

⊙─⊙ **어휘 Plus**
supply 제공하다
those 사람들
in need 어려움에 처한, 궁핍한

improvise [ˈɪmprəvaɪz] □ □ □

어원 in [(부정)not] + pro [앞] + vid(ere) [보다]

동사 즉석에서 짓다, 임기응변하다

JACK provide에 부정형 접두어 in을 붙여볼까? vid와 어원상 의미가 같은 vis로 뒷부분의 모양이 살짝 변해서 improvise[임프러바이즈]라는 단어가 되는데, 뭔가 미리 예견되어 제공(provide)되는 것이 아니기(in) 때문에 '즉흥적으로 ~하다'라는 의미가 돼. 즉석에서 만들어내는 임기응변 같은 것을 말하지. 예를 들어 준비 없이 하는 즉흥 연주나, 대본 없이 즉석에서 연설하는 행위를 일컫는 동사라고 할 수 있어.

JUNE 흔히 말하는 애드립(ad-lib)과 비슷한 의미의 단어로구나.

JACK 맞아. 애드립은 ad libitum[애드 리비텀]의 약어인데, ad는 그냥 to의 의미고 libitum은 '즐거움(pleasure)'의 뜻이야. 마음 내키는 대로, 내 기분 좋을 대로 한다는 의미지.

He is so talented as to improvise anytime.
그는 언제든 즉흥으로 해낼 만큼 기량이 매우 뛰어나다.

⊙-⊙ **어휘 Plus**
pleasure 즐거움
ad-lib 즉흥적으로 하다
talent 재능
anytime 언제든

REVIEW

접두어 prefix	어근 root	접미어 suffix
	sophos〔현명한〕 + moros〔멍청한〕	
	moros〔멍청한〕	
	oxus〔날카로운〕 + moros〔멍청한〕	
	sophos〔현명한〕	ist
	philo〔좋아하는〕 + soph(ia)〔지식〕	y
	vid(ere)〔보다〕 + it〔가다〕	
		ion
pre〔미리〕		ion
pro〔앞〕	vid(ere)〔보다〕	
in〔(부정)not〕 + pro〔앞〕		

단어
vocabulary

sophomore	명 2학년생
moron	명 바보, 얼간이
oxymoron	명 모순어법
sophist	명 궤변론자
philosophy	명 철학
visit	통 방문하다 명 방문
vision	명 시력, 눈, 환상, 비전(포부), 통찰력
prevision	명 예지, 예견
provide	통 제공하다, 공급하다
improvise	통 즉석에서 짓다, 임기응변하다

QUIZ

1. He has been in the (   ) jinx.

그는 2년 차 징크스에 빠져 있다.

2. Don't be such a (   )!

멍청이 짓 하지 마라!

3. 'The sky is the limit' seems the best (   ).

'하늘이 한계다(한계란 없다)'라는 말은 최고의 모순어법 같아.

4. (   )' reasoning is subtle and specious.

궤변론자들의 생각은 교묘하고 겉만 그럴듯해.

5. I live by this (   ).

나는 이 철학을 삶의 신조로 삼고 있다.

6. It's my first (   ) to New York.

뉴욕 방문은 이번이 처음입니다.

7. Knowledge is love and light and (   ).

지식은 사랑이요, 빛이며 통찰력이다.

8. He may be a man of (   ) to foresee the future.

미래를 예견하다니 그는 예지자인지도 몰라.

9. We (   ) help to those in need.

우리는 어려운 사람들에게 도움을 제공합니다.

10. He is so talented as to (   ) anytime.

그는 언제든 즉흥으로 해낼 만큼 기량이 매우 뛰어나다.

LESSON 29

dent 치아

ortho 똑바른

dent [dent]

□ □ □

어원 dent [치아]

명사 이, 움푹 들어간 곳

JACK 자동차 정비소의 간판을 살펴보면 '덴트'라는 단어를 가끔 발견할 수 있는데 자동차가 가벼운 접촉사고 등으로 움푹 들어간 부분을 dent[덴트]라고 해. 원래 dent의 어원상 의미가 '움푹 들어간 곳, 눌린 자국'이거든. 우리가 치아로 뭔가를 깨물면 움푹 들어가면서 그 자리에 눌린 자국이 생기잖아? 그래서 치아도 dent와 관련이 있지. 물론 깨물면 표면이 울퉁불퉁 고르지 않게 되는데 그처럼 들쭉날쭉한 톱니 같은 것도 dent라고 하고, 이빨 모양으로 생기기도 했지. 여기에 tri-를 붙인 trident[트라이든트]는 이빨이 세 개라서 '삼지창'의 뜻이야.

JUNE dent가 치아와 관련 있다는 건 dentist[덴티스트](치과의사)라는 단어 덕분에 쉽게 연상이 되네.

Hail made a dent in the roof of the car.
우박 때문에 자동차 지붕이 움푹 들어갔다.

◉⊷ 어휘 Plus
trident 삼지창
dentist 치과의사
hail 우박

dentures [ˈdentʃərz]

□ □ □

어원 dent [치아] + ure 「명접」

명사 틀니

JACK 그렇지. 치과도 그래서 dental clinic[덴틀 클리닉]이라고 하고, denture는 '틀니'를 말하는데 워낙 어근이 명확하다 보니 '치아'를 연상해서 암기하는 데는 문제가 없을 거야. 틀니는 보통 여러 개로 이루어진 것들이라 복수형을 써서 dentures[덴쳐즈]라고 하지.

JUNE 말이 나온 김에, 치열 교정기는 뭐라고 해?

JACK 치열 교정기는 치아에 조임쇠를 설치해서 지속적으로 물리적인 힘을 가하는 원리를 이용한 것이어서 원래 '조임쇠'의 뜻을 가진 단어인 brace[브레이스]라고도 해. 하지만 틀니와 마찬가지로 여러 개로 이뤄져 있기 때문에 복수형인 braces[브레이시즈]를 주로 사용하고 있지.

My grandma wears dentures.
할머니는 틀니를 끼고 계셔.

⊙─⊙ 어휘 Plus
brace 조임쇠
braces 치열 교정기
wear 입고(끼고) 있다

407

dandelion [ˈdændəlaɪən]

☐☐☐

어원 **dent-de-lion** [프랑스어: 사자의 이빨]

명사 민들레

JACK 민들레를 영어로 dandelion[덴덜라이언]이라고 하는데, 프랑스어 dent-de-lion에서 유래한 단어야. 영어로는 dent of lion '사자의 이빨'이라는 뜻이지. 민들레의 잎이 마치 사자의 이빨처럼 생겼다는 데서 붙여진 이름이야.

JUNE 그런 이야기를 들을 때마다 그 이름으로 결정한 당시 사람들의 마음속이 궁금할 따름이야.

Dandelion tea is good for your health.
민들레차가 건강에 좋아.

orthodontia [ɔːrθəˈdɑnʃə]

어원 **ortho** [똑바른] + **dent** [치아] + **ia**

명사 치열 교정

JACK orthodontia[오어써단셔]라는 단어는 '치열 교정'을 의미해. 중간에 dont 부분이 바로 '치아(dent)'에 해당하는데, '똑바른'의 뜻을 가진 희랍어 ortho-가 붙으면 '치아'를 '똑바로' 조정하는 의미가 되면서 자연스럽게 '치열 교정'의 뜻이 되지. orthodontic[오어써단틱]은 그런 치과 교정과 관련된 용어들 앞에 많이 사용되는 '치과 교정의'라는 형용사로 틀어진 것을 똑바로(straight) 잡아주는 이미지를 가지고 있어.

JUNE 일상용어로 별로 쓰일 것 같지 않아서 안 외워도 되나 싶긴 한데, 어원을 이해하고 나니 모르기도 쉽지 않네.

A common treatment of orthodontia is to wear braces.
일반적인 치열 교정 방법은 치아 교정기를 착용하는 것이다.

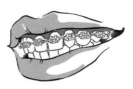

Braces(orthodontia)

⊙–⊙ 어휘 Plus
straight 똑바른
orthodontic 치과 교정의
common 일반적인
treatment 치료법

orthopedics [ˌɔːrθəˈpiːdɪks] □ □ □

어원 ortho [똑바른] + pedo [어린이] + ics [명접: 학문 등]
명사 정형외과

JACK 의학용어처럼 난이도가 높은 단어를 굳이 힘들게 외울 필요 까지는 없지만, 병원 진료과목을 살펴보면 희랍어 어원을 가 진 용어가 많기 때문에 어원을 알면 가끔 꽤 도움이 돼. 예를 들어 종합병원 같은 곳에서 orthopedics[오어쎄피딕스] 같은 안내 문구를 보게 되면 '아이(pedo)'를 '똑바로(straight)' 치료해주 는 것과 관련 있는 진료과목임을 유추할 수 있지.

JUNE ped-는 '발'과 관련 있다고 하지 않았어?

JACK ped-는 주로 발과 관련 있는 어근이고 pedo는 어린이를 의 미해. 모음 앞에서는 ped-로 표기하다 보니 발(ped)로 보는 것도 무리는 아니지. 하여간 Orthopedics는 선천적으로 신 체의 기형을 타고난 아이들의 변형된 신체 부위를 똑바로 (straight) 교정해준다는 의미가 있는 '정형외과'야.

Orthopedics is to treat deformities of bones.
정형외과는 뼈의 변형을 치료한다.

⊙-⊙ 어휘 Plus
treat 다루다, 치료하다
deformity 기형, 변형
bone 뼈

orthodox [ˈɔːrθədɑːks]

☐ ☐ ☐

어원 **ortho** [똑바른] + **dox** [생각, 의견]

형용 정통의, 전통적인

JACK 사실 ortho라는 접두어는 왜곡되지 않고 뭔가 '정통적인' 것을 표현할 때 사용하는 orthodox[오어쎄닥스]라는 단어에서 이미 봤을 거야. 원래 '똑바른(ortho-) 의견(dox)'이라는 속뜻을 지니고 있는 단어인데 '정통의, 전통적인'의 의미로 사용되지.

JUNE '오소독스'의 어원이 '똑바른 의견'이라는 뜻이라니, 그런 의견에 '옳소!' 하는 이미지가 떠오르네.

We need a more orthodox approach to the issue.
우리는 이 문제에 대하여 보다 정통적인 접근법이 필요합니다.

⊙–⊙ **어휘 Plus**
approach 접근법, 다가가다
issue 문제, 쟁점

pediatrics [ˌpiːdiˈætrɪks]   ☐ ☐ ☐

어원 **pedo** [어린이] + **ics** [명접: 학문 등]
명사 소아과

JACK 자, 그럼 네가 만약 종합병원에서 pediatrics[피디애트릭스]라고 쓰인 안내문을 본다면 어떤 진료과목이라고 생각하겠니?

JUNE pedo가 '어린이'라고 했고, -ics로 끝나는 학문의 명칭들이 많으니까 대략 '아이들과 관련된' 학문이겠지. 그런데 병원의 진료과목이라고 하니 '소아과'로 추측할 수 있겠군.

JACK 소아과, 정답! 참 잘했어요!

I specialize in pediatrics.
저는 소아과 전공입니다.

⊙-⊙ **어휘 Plus**
specialize in ~을 전문으로 하다

pedagogy [ˈpedəgɑːdʒi] □ □ □

어원 **pedo** [어린이] + **agogos** [이끄는 사람] + **y**

명사 교육학, 교수법

JACK pedagogy[페더가쥐]는 pedo(어린이)를 어근으로 가지고 있는 '교육학, 교수법'에 해당하는 단어야. 원래 아이들을 학교에 데려다주는 역할을 하던 사람을 의미했는데 아이들을 이끌어가는 사람으로 의미가 넓어지다가 결국 학문적으로 '아이들을 이끄는 존재'라는 의미로 확장된 거지.

JUNE 지금까지 교육이라고 하면 education[에쥬케이션]만 생각났는데.

JACK 맞아. pedagogy는 education의 대체어는 아니고 교육과 관련한 학문이나 교수법 정도에 해당하는 단어야.

Pedagogy is the science and art of education.
교육학은 교육을 연구하는 학문이자 기술이다.

⊙-⊙ 어휘 Plus
education 교육
science 학문, 과학

windpipe [ˈwɪndpaɪp]

☐ ☐ ☐

어원 **wind** [호흡] + **pipe** [피리]

명사 (호흡) 기관

JACK 이렇게 어원으로 살펴보면 단어에 대한 자신감이 붙는다고. 우리의 신체 부위 중에 windpipe[윈드파이프]라고 불리는 부위가 있어. 어딜까?

JUNE 바람(wind)이 지나가는 관(pipe) 같은 것이니까, 호흡기?

JACK 아주 정확해. 입에서 기관지와 폐로 이어지는, 숨이 드나드는 원통형 기관을 windpipe라고 하지.

Air goes down into the lungs through the windpipe.
공기는 기관을 통해 폐로 들어간다.

⊙-⊙ **어휘 Plus**
pipe 관
through ~통하여

prostate [ˈprɑːsteɪt]

☐ ☐ ☐

어원 **pro** [앞] + **sta** [서다]

명사 전립선

JACK 마지막으로 하나만 더, prostate[프라스테이트]는?

JUNE '앞(pro)'에다 '상태(state)'를 붙이면… 음, 애매한데?

JACK 그럴 땐 좀 더 나누어봐. sta-는 '서다' 그리고 우리말은 한자로도 생각해봐야 해.

JUNE 앞에 서다. 앞 전, 설 립? 아! 전립!

JACK 그래, 전립선 혹은 전립샘이라고 하는 남성들의 신체기관을 의미하지.

The risk of prostate cancer increases as you get older.
나이가 들수록 전립선암의 위험이 증가한다.

⊙–⊙ **어휘 Plus**
risk 위험
increase 증가하다

REVIEW

접두어 prefix	어근 root	접미어 suffix
	dent 〔치아〕	
		ure
	dent-de-lion 〔프랑스어: 사자의 이빨〕	
	dent 〔치아〕	**ia**
ortho 〔똑바른〕	**pedo** 〔어린이〕	**ics** 〔학문 등〕
	dox 〔생각, 의견〕	
	pedo 〔어린이〕	**ics** 〔학문 등〕
	pedo 〔어린이〕 + **agogos** 〔이끄는 사람〕	**y**
	wind 〔호흡〕 + **pipe** 〔피리〕	
	pro 〔앞〕 + **sta** 〔서다〕	

dent	명 이, 움푹 들어간 곳
dentures	명 틀니
dandelion	명 민들레
orthodontia	명 치열 교정
orthopedics	명 정형외과
orthodox	형 정통의, 전통적인
pediatrics	명 소아과
pedagogy	명 교육학, 교수법
windpipe	명 (호흡) 기관
prostate	명 전립선

QUIZ

---

1. Hail made a (　　　　) in the roof of the car.
우박 때문에 자동차 지붕이 움푹 패였다.

---

2. My grandma wears (　　　　).
할머니는 틀니를 끼고 계셔.

---

3. (　　　　) tea is good for your health.
민들레차가 건강에 좋아.

---

4. A common treatment of (　　　　) is to wear braces.
일반적인 치열교정 방법은 치아교정기를 착용하는 것이다.

---

5. (　　　　) is to treat deformities of bones.
정형외과는 뼈의 변형을 치료한다.

---

6. We need a more (　　　　) approach to the issue.
우리는 이 문제에 대하여 보다 정통적인 접근법이 필요합니다.

---

7. I specialize in (　　　　).
저는 소아과 전공입니다.

---

8. (　　　　) is the science and art of education.
교육학은 교육을 연구하는 학문이자 기술이다.

---

9. Air goes down into the lungs through the (　　　　).
공기는 기관을 통해 폐로 들어간다.

---

10. The risk of (　　　　) cancer increases as you get older.
나이가 들수록 전립선암의 위험이 증가한다.

LESSON
30

corona 왕관

corona [kəˈroʊnə]

□ □ □

어원 **corona** [왕관]

명사 (일식, 월식 때) 둘레에 보이는 광환

JACK corona[커로우너]를 사전에서 찾아보면 일식 때 태양의 둘레에서 보이는 '광환(光環)', 즉 '빛의 고리'라는 해석이 나오는데 원래 왕관이나 화관을 의미하는 단어였어. 로마시대 때 무공을 세우고 돌아온 군인들에게 씌워주던 동그란 모양의 관 같은 것을 의미했지. 마라톤 우승자에게 씌워주던 월계수 잎으로 만든 관을 떠올리면 돼. corona의 어원을 더 깊이 들어가 보면 sker-를 만나게 되는데 굽거나 휘어진(turn, bend) 것들을 표현해. 화관이나 왕관처럼 둥근 모양을 의미하지.

JUNE 그래서 코로나 맥주에 왕관 그림이 그려져 있구나!

> **You could see the corona in a total eclipse of the sun.**
> 개기일식 때 왕관 현상을 볼 수도 있어.

⊙–⊙ 어휘 Plus
total eclipse 개기일식

wreath [ri:θ]

☐ ☐ ☐

어원 wer [돌다, 휘다] + th 「명접: 추상명사」

명사 화환, 화관

JACK 특히 원형의 화관은 크리스마스 같은 때 문 밖에 걸어두기도 하잖아? 영어로는 wreath[리쓰]라고 하는데, 어근 wrea에 해당하는 어원의 원조 격인 wer-(돌다, 휘다)에서 비롯된 단어야. 비슷한 뜻을 가진 garland[갈런드]라는 단어도 있는데 역시 꽃이나 잎으로 만든 화관 같은 것을 의미하니까 함께 알아두면 좋을 것 같아.

JUNE corona, crown[크라운], wreath, garland 모두 형태적으로 둥근 모양들이라 어원도 모두 둥글다는 뜻이군.

A wreath was placed on the grave of the hero.
그 영웅의 무덤 위에 화환이 놓였다.

모두 turn, bend와
관련 있는 그림들

⊙-⊙ 어휘 Plus
wreath 화관, 화환
garland 화관
crown 왕관
place 두다
grave 무덤
hero 영웅

circus [ˈsɜːrkəs]

□ □ □

어원 sker- [돌다, 휘다]

명사 서커스, 원형 광장

JACK 둥글다는 의미를 거슬러 올라가다 보면 가장 위에 sker-라는 어근이 있는데, 앞서 다룬 wer-와 마찬가지로 '돌다(turn), 휘다(bend)'의 뜻을 가지고 있어. 이를 이용한 단어가 무척 많아. 우선 쉬운 예로 circus[서커스]가 있지. circus는 '원형 광장'을 의미하는 단어였는데, 서커스가 주로 원형 광장이나 야외극장에서 이루어졌기 때문에 그냥 장소의 명칭 그대로 이름을 붙이게 된 거야. 그보다 작은 원을 circle[서클]이라 했는데 지금은 그냥 '원형'을 의미하지. 하여간 sker-는 굽은 길(curve)에도 들어 있고, 둥근 바퀴를 가진 탈것들인 자전거, 오토바이(cycle)에도 들어 있지. 그리고 이런 탈것들의 바퀴가 돌아가듯 일정한 주기로 돌아가는 '순환'을 cycle이라고 해.

JUNE 어원이 같아서인지 다들 모양새나 발음도 비슷한 데가 많은 것 같아.

Children were all fascinated by the circus.
아이들은 서커스에 흠뻑 매료되었다.

⊙-⊙ 어휘 Plus
circle 원형
curve 곡선, 굽은 길
cycle 자전거, 오토바이, 순환
fascinate 매혹하다

quarantine [ˈkwɔːrəntiːn] □ □ □

어원 **quaranta** [이탈리아어: 40]

명사 검역, 격리

JACK '검역'은 '역병을 검사'한다는 뜻인데 영어로는 quarantine[쿼런틴]이라고 하지. 공항에서 늘 마주치게 되는 용어니까 잘 알고 있을 거야. quarantine은 '검역'뿐만 아니라 '격리'라는 뜻도 가지고 있는데, 이탈리아어로 40이라는 숫자와 관련이 있어. 19세기에 검역을 통과하지 못한 배들은 항구에 정박하지 못하고 항구 밖에서 quarantina giorni, 즉 대략 '40일' 동안 격리되어 있어야 했는데 거기서 유래한 단어가 바로 quarantine이야.

JUNE 40일이라면 긴 시간이긴 하지만 페스트 같은 전염병이 창궐하던 시대라면 이해는 가.

All the meat products should go into quarantine.
모든 육가공 식품은 검역을 거쳐야 한다.

⊙-⊙ **어휘 Plus**
product 제품

infection [ɪnˈfekʃn]

□ □ □

어원 **in** [안] + **fac**(ere) [만들다, 하다] + **tion**

명사 감염, 전염, 염증

JACK 감염과 관련된 대표적인 영단어로 우선 infection[인펙션]이 있어. 감염, 전염의 뜻인데 '안(in)'에다 뭔가를 '만들다(fec)'라는 의미를 가지고 있어. '감염'이 되면서 내 몸속에 원래 없던 염증이나 증상 따위가 만들어졌다는 의미로 보면 돼.

JUNE 영화 '컨테이젼(Contagion)'을 볼 때도 느꼈지만 실제 상황인 신종플루, 사스, 메르스, 코로나19를 겪으면서 바이러스는 정말 인류의 생존과 직결된 문제라는 생각이 들었어.

He got an infection in his eyes.
그는 눈에 염증이 생겼다.

contagion [kənˈteɪdʒn] ☐☐☐

어원 con [함께] + tangere [접촉하다] + ion
명사 전염, 오염, 전염병

JACK 맞아. 군이 좀 더 세밀하게 구별하자면 contagion[컨테이젼]
은 우리말로 '전염'에 가까워. 어원을 살펴보면 '함께(con)
접촉(tangere)'한다는 뜻인데 그렇게 해서 오염이나 전염이
될 수 있다는 의미지. 물론 그것도 '감염'이긴 하지만, 감염
(infection)이란 단어는 뭔가가 내 안에 들어와서 내가 피해자
인 느낌이고, 전염(contagion)은 바이러스나 오염물질을 전달
하는 주체의 느낌이 좀 더 든다고 볼 수 있어. 그래서 정리해
보면 infection은 감염 자체, 감염된 상태나 그 염증을 의미
하는 단어이고, contagion은 전염이나, 전염되는 상황, 원인
이 되는 질병 자체를 의미해.

JUNE 뭘 그렇게까지 구별을 하나 싶긴 하지만 무슨 말인지는 알겠
어. 전염이든 감염이든 안 걸리도록 해야지.

I am immune to the contagion.
나는 그 전염병에 면역이 있다.

⊙–⊙ **어휘 Plus**
immune 면역성이 있는

disease [dɪˈziːz]

□ □ □

어원 dis [반대] + ease [안락]

명사 병, 질환

JACK 질병 하면 아무래도 disease[디지즈]가 떠오르지. sick이나 ill은 아픈 상태를 의미하는 단어들이고, disease는 아프게 하는 병이나 질환을 의미해. 어원도 무척이나 직관적인데 dis는 '반대'의 뜻을 가진 접두어이고 ease[이즈]는 우리가 easy[이지]라는 쉬운 단어에서 바로 알 수 있는 '쉬운, 편안한'의 뜻이야. 합해보면 '편하지 않다는 것', 질병으로 인해 몸이 편치 않음을 의미하지.

JUNE 그러고 보니 우리말로도 "어디 편찮으세요?"라고 하네. 영어식 표현이었나?

Disease often goes with poverty.
질병은 흔히 빈곤과 함께 다닌다.

⊙─⊙ 어휘 Plus
often 흔히, 자주
poverty 빈곤, 가난

plague [pleɪg]

어원 **plaga** [라틴어: 타격, 상처]
명사 전염병, 역병

JACK plague[플레이그]도 질병 같은 것인데 전염병이나 역병처럼 유행하는 질병을 의미하는 단어야. 원래 고통이나 재앙, 지독함의 뜻으로 사용된 단어였는데 의료기술이 부족했던 옛날에 역병만 한 재앙이 또 어디 있었겠니? 그래서 지금은 plague를 '전염병, 역병'의 뜻으로 사용하고 있어.

JUNE 중세 유럽의 흑사병은 재앙 중의 재앙이었지. 그 흑사병도 plague라고 하더군.

JACK 맞아, 특히 흑사병은 '흑'이 black의 뜻이어서 Black Plague, 혹은 Black Death라고 불렸지. 피부가 괴사하면서 온몸이 검게 변하는 무시무시한 전염병이었다고 해.

Plague has broken out in the town.
마을에 전염병이 발생했다.

⊙-⊙ **어휘 Plus**
break out 발생하다, 발발하다

immunity [ɪˈmjuːnəti]

☐ ☐ ☐

어원 **immunitatem** [라틴어: 의무가 없음]

명사 면역, 면역력

JACK 질병을 잘 이겨내기 위해선 결국 강한 면역력이 관건인데 이미 항체가 있으면 특정 질병으로부터 면역이 되었다는 표현을 쓰지. '면역, 면역력'을 immunity[이뮤너티]라고 해. 어원상으론 봉사나 처벌 등의 공적인 의무가 면제된다는 라틴어에서 비롯된 단어야.

JUNE 영화에서 많이 듣던 단어로군. 범법자들이 기소를 면제받는 조건으로 주인공과 비밀리에 협상할 때 많이 나오더라고.

Exercise enhances immunity.
운동은 면역력을 향상시킨다.

⊙─⊙ **어휘 Plus**
exercise 운동, 연습
enhance 향상시키다

해피바이러스
면역자

epidemic [ˌepɪˈdemɪk]

어원 epi [사이에] + dem(os) [사람들] + ic

명사 전염병, 유행병, 만연

JACK 바이러스나 세균성 질병이 사람들 사이의 접촉을 매개로 퍼져나가게 되는데 그런 전염병을 epidemic[에피데믹]이라고 해. 어원상으로도 '사람들(demos) 사이(epi)'에서 일어나는 것으로 정의되는데, 그러다 보니 꼭 병균이 아니더라도 범죄처럼 나쁜 쪽의 '확산'이나 '만연'을 의미하기도 하지.

JUNE 그렇다면 전국이나 전 세계적으로 퍼져가는 대유행병은 뭐라고 해?

JACK pandemic[팬데믹]이란 단어가 있지. 접두어 pan은 '모두(all)'의 뜻이야.

The epidemic spread like wildfire.
전염병이 들불처럼 급속히 퍼져갔다.

⊙–⊙ **어휘 Plus**
pandemic 전 세계적인 대유행병
wildfire 들불

REVIEW

접두어 prefix	어근 root	접미어 suffix
	corona〔왕관〕	
	wer〔돌다, 휘다〕	th
	sker〔돌다, 휘다〕	
	quaranta〔이탈리아어: 40〕	
in〔안〕	fac(ere)〔만들다, 하다〕	tion
con〔함께〕	tangere〔접촉하다〕	ion
dis〔반대〕	ease〔안락〕	
	plaga〔라틴어: 타격, 상처〕	
	immunitatem〔라틴어: 의무가 없음〕	
epi〔사이에〕	dem(os)〔사람들〕	ic

단어
vocabulary

corona	몡 (일식, 월식 때) 둘레에 보이는 광환
wreath	몡 화환, 화관
circus	몡 서커스, 원형 광장
quarantine	몡 검역, 격리
infection	몡 감염, 전염
contagion	몡 전염, 오염, 전염병
disease	몡 병, 질환
plague	몡 전염병, 역병
immunity	몡 면역, 면역력
epidemic	몡 전염병, 유행병, 만연

QUIZ

---

1. You could see the (　　　　) in a total eclipse of the sun.
일식 때 왕관 현상을 볼 수도 있어.

---

2. A (　　　　) was placed on the grave of the hero.
그 영웅의 무덤 위에 화환이 놓였다.

---

3. Children were all fascinated by the (　　　　).
아이들은 서커스에 흠뻑 매료되었다.

---

4. All the meat products should go into (　　　　).
모든 육가공 식품은 검역을 거쳐야 한다.

---

5. He got an (　　　　) in his eyes.
그는 눈에 염증이 생겼다.

---

6. I am immune to the (　　　　).
나는 그 전염병에 면역이 있다.

---

7. (　　　　) often goes with poverty.
질병은 흔히 빈곤과 함께 다닌다.

---

8. (　　　　) has broken out in the town.
마을에 전염병이 발생했다.

---

9. Exercise enhances (　　　　).
운동은 면역력을 향상시킨다.

---

10. The (　　　　) spread like wildfire.
전염병이 들불처럼 급속히 퍼져갔다.

찾아보기

기적의 5분 영단어

엉클잭의 하나를 알면 10단어가 저절로 기억되는 어원 학습법

2020년 5월 28일 초판 1쇄 | 2024년 9월 25일 7쇄 발행

지은이 주경일
펴낸이 이원주, 최세현 **경영고문** 박시형

기획개발실 강소라, 김유경, 강동욱, 박인애, 류지혜, 이채은, 조아라, 최연서, 고정용, 박현조
마케팅실 양근모, 권금숙, 양봉호, 이도경 **온라인홍보팀** 신하은, 현나래, 최혜빈
디자인실 진미나, 윤민지, 정은예 **디지털콘텐츠팀** 최은정 **해외기획팀** 우정민, 배혜림
경영지원실 홍성택, 강신우, 김현우, 이윤재 **제작팀** 이진영
펴낸곳 비에이블 **출판신고** 2006년 9월 25일 제406-2006-000210호
주소 서울시 마포구 월드컵북로 396 누리꿈스퀘어 비즈니스타워 18층
전화 02-6712-9800 **팩스** 02-6712-9810 **이메일** info@smpk.kr

© 주경일(저작권자와 맺은 특약에 따라 검인을 생략합니다)
ISBN 979-11-970352-2-7 (13740)

• 이 책은 저작권법에 따라 보호받는 저작물이므로 무단전재와 무단복제를 금지하며, 이 책 내용의 전부
  또는 일부를 이용하려면 반드시 저작권자와 (주)쌤앤파커스의 서면동의를 받아야 합니다.
• 잘못된 책은 구입하신 서점에서 바꿔드립니다.
• 책값은 뒤표지에 있습니다.
• 비에이블은 (주)쌤앤파커스의 브랜드입니다.

쌤앤파커스(Sam&Parkers)는 독자 여러분의 책에 관한 아이디어와 원고 투고를 설레는 마음으로 기
다리고 있습니다. 책으로 엮기를 원하는 아이디어가 있으신 분은 이메일 book@smpk.kr로 간단한
개요와 취지, 연락처 등을 보내주세요. 머뭇거리지 말고 문을 두드리세요. 길이 열립니다.